青海藏区
农牧民专业合作社
成长性评价与对策研究

Countermeasure and the Growth Evaluation of Specialized Farmers and Herdsmen Cooperatives in Tibetan Areas of Qinghai Province

张小红◎著

中国经济出版社
CHINA ECONOMIC PUBLISHING HOUSE
·北京·

图书在版编目（CIP）数据

青海藏区农牧民专业合作社成长性评价与对策研究 / 张小红著．--北京：中国经济出版社，2021.8
ISBN 978-7-5136-6547-6

Ⅰ．①青… Ⅱ．①张… Ⅲ．①藏族-民族地区-农业合作社-专业合作社-研究-青海 Ⅳ．①F321.42

中国版本图书馆 CIP 数据核字（2021）第 143259 号

责任编辑 葛 晶
责任印制 马小宾
封面设计 任燕飞

出版发行 中国经济出版社
印 刷 者 北京建宏印刷有限公司
经 销 者 各地新华书店
开　　本 710mm×1000mm 1/16
印　　张 12
字　　数 166 千字
版　　次 2021 年 8 月第 1 版
印　　次 2021 年 8 月第 1 次
定　　价 78.00 元
广告经营许可证 京西工商广字第 8179 号

中国经济出版社 **网址** www.economyph.com **社址** 北京市东城区安定门外大街 58 号 **邮编** 100011
本版图书如存在印装质量问题，请与本社销售中心联系调换（联系电话：010-57512564）

前言

青海藏区是我国西北欠发达民族地区，该地区特殊的自然、地理环境和社会经济条件决定了农牧民专业合作社建设具有极其重要的意义和作用。青海藏区是青藏高原地区的重要组成部分，生态环境脆弱，生态地位高。传统的生产方式，长期形成的细碎化、固有化的耕作模式导致土地沙化、草原退化。随着人们物质生活需求的不断增长，牧民们持续饲养牲畜，使草地载畜量增加，导致草畜矛盾日益尖锐。发展农牧民专业合作社有利于转变农牧业生产方式，通过统一规划、统一经营和科学种植，有效协调农牧民生产个体之间及草畜之间的关系，从而起到发展经济和保护生态环境的双重作用。自 2007 年《中华人民共和国农民专业合作社法》颁布实施以来，青海藏区农牧民专业合作社发展较快，截至 2018 年底，合作组织总数已达 4,818 家，是 2006 年的 30.88 倍。然而，数量的增长并不必然代表质量的提升，从整体上看，青海藏区农牧民专业合作社规模小、发展不规范、效率低下、带动能力不强。合作社和社员没有形成真正的利益共同体，农牧业经营方式并没有出现由松散到紧密、从低级到高级的变革。

农牧民专业合作社发展存在必要性和制度优越性是毋庸置疑的，也是被国际合作化实践证明完全正确的发展道路。青海藏区农牧民专业合作社发展起步晚、起点低，仍然处于初级发展阶段。合作组织和其他生命体一样，也有一个产生、发展、成熟的成长过程，如果没有及时地改革创新，原有的组织体系也会逐渐走向消亡。因此，本书以组织生命周期理论与合作经济理论为基础，以成长性视角研究青海藏区农牧民专业合作组织成长的动态过程，分析成长中的问题，提出科学合理的对策和措施。

本书的主要结论有：第一，基于农牧民专业合作社成长性的内涵界定构建评价指标体系，运用层次分析法对合作社成长性水平进行评价。评价结果显示，青海藏区农牧民专业合作社成长水平处于“一般”等级，从成长阶段看，仍处于创建期。创建期的主要问题和阶段性特征表现在：内部治理机制不完善，成员满意度不高；合作组织规模小，成长发展的基础资源薄弱；生产经营方式落后，可持续成长能力不足；成员收入增长缓慢，合作社发展的目标达成度不高。第二，农牧民专业合作社成长的核心问题是动力，本书运用系统动力学原理和 DEMATEL 方法分析确定合作社成长动力因素之间的作用机制，确定影响青海藏区农牧民专业合作社成长的关键性动力因素是“规范化建设”“治理机制优化”“专业化生产”“资金筹措”和政府主导的“教育培训”，并依据关键性影响因素的前向、后向逻辑关系，明确了农牧民专业合作社成长的路径选择。第三，通过成长路径来引导，研究提出促进青海藏区农牧民专业合作社成长的对策、措施，包括以落实合作组织年报制度、加强财务管理为内容进行规范化建设；以产权结构调整、利益机制改进为主要内容进行内部治理机制优化；以提高专业化和标准化生产水平、实施品牌营销战略为内容进行生产经营能力提升；以订单融资、融资租赁和农业担保为主要形式进行融资模式选择；以政府为主导进行农牧民专业合作社教育培训平台建设。

目录

第一章　绪　论 …… 001
第一节　研究目的与意义 …… 001
一、研究背景 …… 001
二、研究目的 …… 004
三、研究意义 …… 005
第二节　国内外研究现状 …… 006
一、国外研究现状 …… 007
二、国内研究现状 …… 009
三、研究现状评述 …… 011
第三节　研究思路与方法 …… 012
一、内容框架 …… 012
二、研究方法 …… 014
三、技术线路 …… 014
第二章　农牧民专业合作社成长的基础理论 …… 016
第一节　农牧民专业合作社 …… 016
一、国际合作社联盟的经典定义 …… 016
二、我国农牧民专业合作社概念的界定 …… 018
三、我国农牧民专业合作社类型的划分 …… 020
第二节　农牧民专业合作社成长相关理论 …… 022

一、系统论的主要观点 …… 022
二、组织生态学的相关内容 …… 023
第三节 农牧民专业合作社成长性 …… 025
一、农牧民专业合作社成长性概念的界定 …… 025
二、农牧民专业合作社成长阶段的划分 …… 026
三、农牧民专业合作社成长动力机制 …… 028
第三章 青海藏区农牧民专业合作社发展概况 …… 030
第一节 农牧民专业合作社发展环境 …… 030
一、自然地理环境 …… 030
二、社会经济环境 …… 031
第二节 农牧民专业合作社发展历程 …… 032
一、萌芽阶段 …… 032
二、探索阶段 …… 033
三、发展规范阶段 …… 033
第三节 农牧民专业合作社发展现状 …… 034
一、发展规模 …… 035
二、主要类型 …… 041
三、服务功能 …… 049
四、政策支持 …… 055
第四章 青海藏区农牧民专业合作社运行机制 …… 057
第一节 资本形成机制 …… 057
一、筹资渠道 …… 057
二、资产规模 …… 061
三、资产结构 …… 063
第二节 内部治理机制 …… 064
一、组织结构 …… 064

二、决策机制 …………………………………………………… 066
三、监督机制 …………………………………………………… 068
第三节 收入分配机制 …………………………………………… 070
一、收入分配方式 ……………………………………………… 070
二、收入分配结构 ……………………………………………… 072
第五章 青海藏区农牧民专业合作社成长性评价 ……………… 076
第一节 农牧民专业合作社成长性评价方法选择 ………………… 076
一、农牧民专业合作社成长性评价方法的适用性分析 ………… 076
二、层次分析法的基本步骤 …………………………………… 080
第二节 评价指标体系构建 ……………………………………… 084
一、评价指标选取的基本原则 ………………………………… 084
二、指标体系构建的主要思路 ………………………………… 085
三、评价指标的内涵及关联性 ………………………………… 087
第三节 评价过程及结果分析 …………………………………… 090
一、指标权重计算及一致性检验 ……………………………… 090
二、原始数据标准化及评价值计算 …………………………… 096
三、评价结果分析 ……………………………………………… 097
第六章 青海藏区农牧民专业合作社成长动力因素分析 ……… 103
第一节 农牧民专业合作社成长的协同运动 ……………………… 103
一、系统协同理论的基本观点 ………………………………… 103
二、合作社协同运动过程 ……………………………………… 104
第二节 农牧民专业合作社成长的动力因素构成 ………………… 105
一、合作社成长的内源动力 …………………………………… 106
二、合作社成长的外源动力 …………………………………… 114
第三节 动力因素的作用机制分析 ……………………………… 117
一、DEMATEL 方法的基本原理 ……………………………… 117

二、影响矩阵及影响度计算 …… 120
三、农牧民专业合作社成长路径 …… 122
第七章　促进青海藏区农牧民专业合作社成长的对策与措施 …… 125
第一节　合作社规范化建设 …… 125
一、规范化建设背景 …… 125
二、规范化建设对策 …… 126
第二节　内部治理机制优化 …… 129
一、产权结构调整 …… 130
二、利益机制改进 …… 132
三、监督机制优化设计 …… 134
第三节　生产经营能力提升 …… 136
一、提高生产专业化水平 …… 136
二、推进标准化生产 …… 137
三、实施品牌营销战略 …… 140
第四节　融资信贷模式选择 …… 142
一、订单融资模式 …… 142
二、融资租赁模式 …… 143
三、农担担保模式 …… 144
第五节　教育培训平台建设 …… 145
一、教育培训平台建设背景 …… 145
二、教育培训的重点内容 …… 146
第八章　研究结论与不足之处 …… 148
第一节　研究结论 …… 148
第二节　不足之处 …… 149
参考文献 …… 151
附　录 …… 157

第一章　绪　论

第一节　研究目的与意义

一、研究背景

（一）我国农牧业经营制度的持续创新

党的十一届三中全会以后，我国在农村牧区实行以家庭承包经营为基础的经营体制改革，广大农牧民成为具有独立财产权和生产经营自主权的市场主体。由于农牧民从事农业生产活动完全贯彻责、权、利相结合的原则，使得农牧民的劳动贡献与劳动成果相统一，从而充分调动了农牧民的生产积极性，极大地解放了农村生产力并促进其提高。但是，随着我国市场经济发展不断深入，尤其是农业市场化程度不断提高，农业生产更讲求以商品性和市场交换体现自己的劳动成果，因此使用单一的家庭经营模式就表现出明显的局限性。这个问题的突出表现，一是分散经营、组织化程度低，农牧民没有议价权，导致农业增产不增收，农牧民收入增长缓慢；二是超小规模、原子化、“小而全”的传统经营方式使农牧民无法享受到专业分工、规模经营带来的好处[1]。

自 20 世纪 90 年代开始，通过广大农民群众的积极探索以及政府部门的引导、推动，我国农村在家庭承包经营基础上，开始创办形式多样的农民专业合作社。农民专业合作社以“服务成员”为宗旨，谋求全体成员的共同利益，坚持“入社自愿，退社自由，共同所有，民主管理”的基本原则，充分体现合作经济组织制度的最大优越性。通过组织生产资料的统一供应和农产品集中销售，不断提高农民在市场经济中的地位；通过优化配置土地、资金和劳动力，开展农业产业化经营，促进农业生产提效和农牧民增收。农民专业合作社经营制度创新被学术界称为继家庭承包经营制改革之后我国农村经营体制的第二次改革。

（二）青海藏区农牧民专业合作社发展的客观必然性

青海藏区是我国西北欠发达的民族地区，其特殊的自然地理环境和社会经济条件决定了农牧民专业合作组织建设具有极其重要的意义和作用。首先，严酷的自然环境倒逼农牧民互助联合。青海藏区是我国五大牧区之一，地区工商业不发达，农牧业是地区经济发展的主导产业。自实行家庭承包经营制以来，农牧民收入水平有较大提高，但仍然低于青海东部地区和全省平均水平。由于农牧业生产具有生物性、地域分散性特点，劳动成果的多少主要取决于自然条件的优劣，因此，即使在青海藏区内部，农牧民收入差距也较大。合作组织是弱者的联合，农牧民加入合作组织的目的就是取得合作利益。相关研究表明，基于合作组织的社会性和互助性特点，农牧民收入分配差距越大，加入专业合作组织的需求越强烈。其次，采用农牧民专业合作社的组织方式有利于改善草畜矛盾，维持生态平衡。青海藏区生态环境脆弱，生态地位高。农牧民使用传统的生产方式长期形成细碎化、固有化的耕作、放牧模式，导致土地沙化、草原退化。加之为了满足不断增长的物质生活需求，牧民们只能持续增加草地载畜量，导致草畜矛盾日益尖锐。发展农牧民专业合作社有利于促进农牧民转变生产方式，通过统一经营、划区轮牧、特色养殖和科学种植等方式，有效协调牧民生产个体之间及草畜之间的关系，从而起到发展经济和保护生态环境的双重作用。

（三）青海藏区农牧民专业合作组织发展的现实状况

自 2007 年《中华人民共和国农民专业合作社法》颁布实施以来，青海藏区农牧民专业合作社发展很快，截至 2018 年底，农牧民专业合作社总数已达到 4, 818 家，合作社成员数量为 57, 240 户，占青海藏区农牧民总数的 19. 5%，带动非成员 64, 000 户。尤其是创造性地成立了生态畜牧业合作社，共 960 家。牧区 883 家纯牧业村已实现专业合作组织全覆盖，这是青海在构建新型农业经营主体过程中的一大创举，成为青海现代畜牧业建设的新动力。然而，数量的增长并不必然代表质量的提升。青海藏区农牧民专业合作组织发展中的问题主要表现在：组织规模小，发展不规范、效率低下、带动能力不强。一部分合作社空有其名，成为“空壳合作社”；有些合作社为了追逐政府政策利益，并没有开展相应的服务活动，属于“假合作社”；还有一部分合作社治理机制不规范，合作组织章程不能发挥作用，基本流于形式，主要受大股东控制，普通成员受益不多；还有的合作社生产经营能力不足，效率低下，合作社和社员之间没有形成利益共同体，不能发挥带动作用。从整体上看，农牧民专业合作社并没有出现由松散到紧密、从低级到高级的变革过程[2]。

当然，农牧民专业合作社发展具有必要性和制度优越性是毋庸置疑的，也是被国际合作化运动的实践证明了是完全正确的发展道路。中共中央、国务院发布的《中共中央国务院关于进一步加强农村工作提高农业综合生产能力若干政策的意见》（中发〔2005〕1 号）（“2005 年中央一号文件”）明确提出，要“支持农民专业合作组织发展，对专业合作组织及其所办加工、流通实体适当减免有关税费”①。中共中央、国务院发布的《中共中央国务院关于推进社会主义新农村建设的若干意见》（中发〔2006〕1 号）（“2006 年中央一号文件”）进一步明确提出要“积极引导和支持农民发展各类专业合作经济组织，加快立法进程，加大扶持力度，建立有利于农民合作经济组织发展的信贷、财税和登记等制度”[3]。2007 年，《中华人民共和国农民专业合作社法》颁布实施，农民专业合作社正式获得合

① 姜孟亚，等．中华人民共和国农民专业合作社法释义［M］．北京：中国法制出版社，2006.

法地位。2009 年 6 月，青海省政府办公厅发布的《关于促进农牧民专业合作社发展的意见》指出，要整合中央和地方资金，建立长效机制，大力支持农牧民专业合作组织发展等。

（四）青海藏区农牧民专业合作社成长性的研究视角

如何看待青海藏区农牧民专业合作社发展中的问题？青海藏区农牧民专业合作社发展起步晚、起点低，目前存在的各种问题在全国仍具有普遍性。有些学者把主要原因归于农牧民缺乏合作精神，有些学者认为合作组织发展缓慢主要是由于缺乏龙头企业带动，这种问题在经济欠发达地区尤为突出。还有学者从政府支持的角度分析问题，认为是政府政策支持机制不完善，破坏了合作社公平竞争的市场环境[4]，因此现有政策中关于合作社运作原则的规定更应体现包容性，体现合作组织发展的实践性和规律性等。上述观点均不乏合理性，但忽略了一个明显的时间变量，国际上的合作化运行已经有 100 多年的历史，一些发达国家已经形成较为成熟的发展模式，而农牧民合作社在我国仍然处于初级发展阶段。合作社和其他生命体一样，也有一个产生、发展、成熟的成长过程，如果没有及时的改革创新，原有的组织体系也会逐渐走向消亡。因此，发展农牧民专业合作社必须遵循客观规律，不能急于求成，必须从整体上，并以动态视角观察分析发展中的问题。比如，当前农民缺乏合作意识，其实是认识能力不足的反映；又比如，有学者提出合作社的本质规定性（自我服务、民主管理）正在发生漂移[2][5]，这反映了经典合作社原则有一个与我国实际情况相融合的过程。因此，本书以组织生命周期理论与合作经济理论为基础，从成长性视角研究青海藏区农牧民专业合作社成长的动态过程，分析成长中的问题，提出科学、合理的对策、措施。

二、研究目的

青海藏区农牧民专业合作社成长的核心问题是动力，因此，本书的重点是寻找促进农牧民专业合作组织成长的动力因素，分析动力因素之间相互作用的规律。此外，按照组织生命周期理论的基本观点，合作社在不同的成长阶段会表现出不同的阶段性特征，应有与之相适应的对策、措施，以促进合作社的进一步成长。所以，本书研究的分项目标主要划分为三个层次：

一是在实证调研基础上分析青海藏区农牧民专业合作社发展的总体规模、产业分布及其运行机制；

二是评价青海藏区农牧民专业合作社成长性水平，判定合作社处于哪个成长阶段，分析其阶段性特征和成长中的主要问题；

三是研究促进青海藏区农牧民专业合作社成长的动力因素及其作用机制，构建农牧民专业合作社持续成长的动力支持体系。

三、研究意义

（一）学术价值

1. 丰富我国农牧民专业合作社发展的内容体系

在我国不同地区，由于农牧民对合作组织的认识有差异、农牧业发展基础不同、社会文化有差别，各地区农牧民专业合作社的建设形式、类别、规范性和发展成效存在较大差异。本书以合作经济理论和成长性理论为基础，结合青海藏区农牧民专业合作社发展实际，研究界定农牧民专业合作社及其成长性的内涵，构建成长性评价体系，解释不同成长阶段的特征，以此丰富我国农牧民专业合作社发展的内容体系。

2. 完善我国农牧民专业合作社研究的方法体系

成长动力是农牧民专业合作社发展研究的重点内容，前人的研究只注重发展现状及问题分析，忽视动力因素和对动力源的挖掘。对农牧民专业合作社成长的影响因素分析只是研究影响因素与农牧民专业合作社成长性之间的简单联系，很少涉及各影响因素之间的相互作用。本书运用系统动力学原理，研究农牧民专业合作社成长的动力机制，分析成长的动力支持系统，以此丰富我国农牧民专业合作社研究的方法体系。

（二）应用价值

1. 为农牧民专业合作社提高自身成长能力提供现实指导

本书以对青海藏区农牧民专业合作社成长性评价为基础，判定农牧民专业合作社的成长阶段，并以合作社成长的阶段性特征和问题表现为依据，分析促进农牧民专业合作社成长的动力因素及其发挥作用的条件和模式，对于培养农牧民专业合作社成长能力，促进合作社持续成长具有现实意义。

2. 为政府部门制定促进农牧民专业合作社发展政策提供理论依据

政府是农牧民专业合作社成长的重要动力主体。一方面，通过农牧民专业合作社成长性研究，能增强农牧民专业合作社发展的战略前瞻性；另一方面，通过动力机制的研究，明确政府力量影响农牧民专业合作社成长的方向和路径，从而为建立有针对性的政策体系提供理论依据。

3. 为青海藏区经济、社会发展和生态文明建设提供路径支持

农牧民专业合作社成长有利于农牧业产业化经营，能促进农牧业提效和农民增收；同时，农牧业生产的组织化程度和组织效率的提高有利于缓解草畜矛盾，保护生态环境，推进生态文明建设。

第二节　国内外研究现状

成长性是农民专业合作社研究的新动向，自 2006 年应瑞瑶发表《农民专业合作社的成长路径——以江苏省泰光县七贤家禽产销合作社为例》一文之后，国内许多学者开始关注这一问题的研究。其主要关注点在于：借鉴企业成长理论的基本观点和方法，研究我国农民专业合作社的成长问

题，探索成长路径。根据研究需要，本书对国内外相关研究的学术史进行梳理，主要包括三个方面：一是把农民专业合作社看作企业；二是对企业成长理论的相关研究；三是对农民专业合作社成长研究的最新成果。

一、国外研究现状

（一）把农民专业合作社看作企业

关于农民专业合作社的经济学研究始于20世纪40年代。1942年，Emelianoff出版《合作经济理论》一书。1945年，Enke发表文章《消费合作社和经济效率》，将经典厂商理论应用于合作组织，推动了农业合作经济理论和实践的发展。具有代表性的观点有，Enke（1945）认为专业合作组织和企业一样，也是建立在追求生产者剩余和消费者剩余最大化基础之上的。他的理论假定是当合作社中的生产者剩余和消费者剩余的总额最大化时，成员和社区的福利也被最大化了。之后，Helmberger和Hoos（1962）沿着前者的思路对营销合作社的行为进行了解释，并于1965年运用企业理论建立了一个合作社模型。Taylor（1971）用企业理论解释了合作社中的税收问题。1991年，Feinerman和Falkovitz发表文章，把新古典理论应用于服务合作社，解决了在有约束的情况下使成员效用最大化的问题，从而得到了帕累托最优必要条件。1993年，Choi和Feinerman通过调查，扩展了Feinerman和Falkovitz（1991）关于以色列莫夏夫（Moshav）案例中的分析模型，通过进一步分析得出，在合作社成员存在差异的条件下实现帕累托最优所要求的定价和分配政策[6]。

（二）对企业成长理论的相关研究

国外对企业成长理论的研究主要有以下几种：一是基于规模经济的成长理论；二是交易成本理论；三是资源基础论；四是生命周期理论。早在18世纪，以Smith（1776）、Marshall（1890）和Charles Babbage（1860）等人为代表的古典经济学派把企业的成长解释为社会分工和由此产生的规模经济。在此基础上，Samuelson 认为企业成长是企业调整产量规模达到最优的过程。Schumpeter（1912）的创造性破坏理论认为，企业成长有一个创造性破坏的过程，企业家的出现和其创新是企业成长的源泉，从而说明了企业成长不仅是数量和规模的扩张，更应该是质量和效率的提升。此后，Coase（1937）从交易成本的概念出发，认为企业是一种契约机制。企业用一个长期契约替代市场上的一系列契约，企业家用契约的效力取代纯市场的价格机制的协调。1959 年，Penrose 出版了《企业成长理论》，标志着企业成长理论成为一个独立的研究课题。与前人从宏观视角研究不同，Penrose 建立了企业成长的资源基础论，形成了“资源—能力—企业成长”的分析框架，成为后世很多研究者所遵循的基本逻辑。到了 20 世纪 80 年代，美国著名管理学家伊查克·爱迪思（Ichak Adizes）创立了生命周期理论，提出按照时间顺序把企业的发展过程划分为若干阶段，并对不同阶段进行了定义和区分，以体现企业成长过程的动态演变。当然，也有很多学者致力于企业生命周期理论的研究，他们对企业成长阶段的划分也不同，包括爱迪斯的十阶段模型、葛雷纳的企业成长模型、丘吉尔和刘易斯的五阶段模型等[7]。

（三）对农民专业合作社成长研究的最新成果

早期的合作社理论主要是基于罗虚代尔公平先锋社的理论，Sapiro 和 Nourse 等认为，农民通过合作社进入市场，不但改善了其在市场中的地位情况，提高了其收入，更重要的是使市场竞争更加激烈，这迫使其他投资者所有的企业也不得不提高效率，从而使整个社会市场的效率得以提高。1940 年以后，正式的合作社经济学模型才开始出现，主要包括三种类型：一是以垂直一体化的形式出现。Emelianoff（1942）建立了一个相对复杂的合作社理论框架，研究重点在成员关系上；Phillips（1953）构建了合作社产出与价格决策模型。二是以集体或联合行动形式存在的联盟。Staatz（1983）利用博弈论的框架分析了合作社的组织机构；Condon（1987）建立了用以证明财产权和合作社组织之间的联系的理论框架；拉坦（1991）从制度经济学角度出发，认为合作社作为一种新的组织形式，其产生的原因与分割技术进步所带来的新收入流有关。三是作为一种契约关系[8]。Eilers 和 Hanf（1999）主要运用代理理论提出农业合作社中最优契约设计的论点；Hendrikse 和 Veerman（2001）运用交易成本理论研究了农业营销合作社投资约束和控制约束的关系。关于合作社成长研究，列维首先提出了农民合作社生命周期的概念，Cook（1995）将合作社发展周期分为发起、有效运行、运行困难、选择转型几个阶段[9]。Egerstrom（2004）运用波特的竞争理论，分析得出合作社成长是各利益相关者以及政治、文化、环境等因素共同作用的结果[10]。Pulfer 等（2008）指出，社员对社长的信任程度、人力资源状况和成员组成结构是影响合作社成长的重要因素[11]。合作社经过一段时期的发展实践后，Cook 和 Burress（2009）又将合作社生命周期划分为经济合理性认定、组织设计、成长发展、自我认识和反思。

二、国内研究现状

（一）对企业成长的研究

与国外的研究相比，国内对于企业成长理论的研究比较具体，主要从微观层面研究影响公司成长性发展的各种因素，而且关注点主要集中于财务因素。陆正飞和辛宇（1998）、洪锡熙和沈艺峰（2000）研究了公司成长性与资本结构的关系。他们的研究均证明了公司成长性与资本结构之间没有显著的关系。但程惠芳和幸勇（2006）通过回归分析发现，对于高科技上市公司来说，资本结构和成长性具有显著的正相关关系。吕长江、金超和陈英（2006）认为，财务杠杆对于业绩优良的公司具有积极作用，对于业绩较差的公司却具有消极作用。王青燕和何有世（2005）的研究结果表明，企业盈利能力与成长性正相关，规模和国有化程度与成长性负相关，核心竞争力与成长性的关系不显著。姚益、龙戈静和刘晋华（2007）脱离了财务视角，他们从企业生产要素供给的角度提出企业信用意愿对企业成长具有显著的负作用。蒋美云（2005）发现，行业是导致企业成长性差异的重要因素，行业成长性的差异与各行业的经营环境和发展特点有关。在对这些因素的探讨中，由于选择的成长性指标和样本的差异，国内关于公司成长性与上述因素之间的关系的研究存在结果不一致的现象[7]。

（二）对农民专业合作社成长的研究

国内对农民专业合作社的相关研究大致可以分为三个阶段：20 世纪 80 年代至 90 年代中期，这一时期的研究主要集中在阐述合作组织的重要性，研究合作社的本质、基本功能，大力倡导建立农民专业合作组织；从 20 世纪 90 年代后期开始，随着合作经济的发展，更加强调农民专业合作组织治理结构、运行绩效、农户合作意愿等；进入 21 世纪以来，学者们运用企业成长理论研究农民专业合作组织的成长问题，从内部治理结构的研究转向农民专业合作组织整体成长性的研究，开拓了农民专业合作组织研究的新领域。现阶段的研究成果主要体现在以下几方面：①农民专业合作组织成长性评价。周蕾（2007）通过问卷调查，利用层次分析法对宁夏灵汉渔业联合社成长性进行评价；徐彦等（2008）利用专家打分法对陕西千阳县兴盛乳业专业合作社成长性进行评价，结果表明合作社净利润增长率和成员数增长率是最主要的影响指标。李旭（2012）选择 73 个农民专业合作社样本，利用“合作社规模”“组织结构完善程度”等 12 个评价指标计算成长性指数，对样本成长性进行排序。②农民专业合作组织发展的影响因素。黄祖辉等人（2002）提出影响农民专业合作组织发展的因素为合作成员、产品特性、生产集群以及制度环境等[11]；满广富、武华光（2003）剖析了山东省农村合作经济组织发展过程中存在的内部机制运行不畅、外部发展环境不宽松等制约因素。张晓山（2004）分析了政府在扶持农民专业合作经济组织时所出现的问题。郭红东（2009）等从促进合作社成长的资源基础论出发研究，认为对合作社成长影响最大的是物质资本资源，其次是组织资本资源，再次是人力资本资源[12]。张深、孔祥智研究提出，在农民专业合作社成长演化过程中，生存空间的扩展、优势资源的利用和组织模式的创新是合作社变异的3个重要因素[13]。

（三）对青海藏区农牧民专业合作社的相关研究

廖乐焕（2010）的文章指出，民族地区农民专业合作社组织模式的选择要充分考虑自然地理状况、经济社会发展水平、民族传统文化习俗等因素[14]。张克熊、刘宁侠（2013）认为青海藏区农牧民专业合作组织仍然处在发展的初级阶段，规模小、带动力不强、经济实力弱[15]。张智贝、李双元（2014）认为青海藏区生态环境脆弱，发展农牧民专业组织有利于农牧业组织化、集约化经营，促进草畜平衡[16]。郑建宗（2015）以青海藏区都兰县农牧民合作社为例，表明农林兼作、牧草兼作是该地区农牧民合作社发展的两大经营模式[17]。孙发平、丁忠兵（2015）针对青海省生态畜牧业发展中的主要问题提出了“因地制宜，区别施策”和“加快完善合作社内部治理机制”等对策、措施[18]。郭鹏鹏、惠霞（2016）通过对共和县的调查了解到，当地合作社大多数由乡村精英领办，加入合作社的门槛较高，存在贫困农户被边缘化的趋势[19]。李玉红（2017）通过对“拉格日”合作社的调查，发现畜牧业合作社投融资渠道狭窄、基础设施建设薄弱等问题[20]。张子安（2018）提出股份制改造有利于合作社所有权、经营权分离和提高资本的运作效率[21]。

三、研究现状评述

农牧民专业合作社的产生、发展有其客观必然性，对成长性的研究将有利于认识其发展规律，以采取科学对策。前人的研究，无论是对农牧民专业合作社成长性评价指标的选择和影响因素分析，还是对青海藏区农牧民专业合作社发展现状和问题的分析，都给本书研究以重要启示，但是在研究内容和研究方法上还有进一步完善和发展的空间。

（一）农牧民专业合作社成长性评价指标体系有待进一步完善

农牧民专业合作社毕竟不能完全等同于企业组织，现有的研究资料大多讲述发达地区农牧民专业合作社的实践与认识，成长性评价指标选择主要借用了企业成长性评价指标体系中的指标，并没有反映出经济欠发达地区农牧民专业合作社成长性的特点。

（二）缺乏对农牧民专业合作社成长影响因素的系统性分析

研究文献中，对于农牧民专业合作社影响因素的研究非常多，但是缺乏系统性，尤其是忽略影响因素之间的相互作用，提出的对策、措施并没有起到应有的作用，甚至起到的是反作用。例如，由于农民专业合作社的合作机制不完善，“龙头企业+农户”的模式实际上成了龙头企业套取国家优惠政策的幌子。

（三）对农牧民专业合作社成长动力机制的研究不足

以往的研究只注重成长性评价，没有在分析成长的阶段性特征的基础上进一步挖掘促进合作社持续成长的动力源，深入分析农牧民专业合作社成长的动力机制，以构建全方位的动力支持体系。

第三节　研究思路与方法

一、内容框架

围绕研究目标，本书把“成长性评价”“动力因素分析”和“动力支持体系的构建”作为研究重点。按照提出问题、分析问题和解决问题的逻辑，合理安排研究内容，主要包括以下几个方面。

第一章 绪论。本章主要阐述研究背景、研究意义、研究思路与研究方法，通过对国内外学术史的梳理与评述，提出本书的研究视角和价值，围绕研究目的布局研究内容，提出相应的研究方法。

第二章 农牧民专业合作社成长的基础理论。本章在借鉴前人研究成果的基础上，研究界定农牧民专业合作社及其成长性、成长动力机制的概念和基本特征，归纳、总结系统论及组织生态学理论的基本观点、基本内容，以形成理论支撑。

第三章 青海藏区农牧民专业合作社发展概况。本章以青海藏区农牧民专业合作社发展现状为分析重点，统计分析农牧民专业合作社的发展规模、主要类型和服务功能，并关联介绍合作社的发展环境和发展历程。

第四章 青海藏区农牧民专业合作社运行机制。作为农牧民专业合作社发展现状内容的进一步延伸，本章从运行机制的视角进一步分析合作社的资本形成机制、内部治理机制和收入分配机制，以全方位展现合作社发展状态。

第五章 青海藏区农牧民专业合作社成长性评价。本章依据农牧民专业合作社成长性的内涵界定，并借鉴前人的研究成果，研究构建青海藏区农牧民专业合作社成长性评价指标体系，进行实证评价，判定农牧民专业合作社的成长阶段，分析阶段性特征和问题。

第六章 青海藏区农牧民专业合作社成长动力因素分析。本章以提高农牧民专业合作社成长性水平为目标，坚持以问题为导向，选择分析影响农牧民专业合作社成长的各种动力因素，并对各动力因素之间的作用机制进行分析，确定关键性因素，明确进一步促进合作社成长的路径选择。

第七章 促进青海藏区农牧民专业合作社成长的对策与措施。本章以关键性因素及影响路径为线索，研究构建促进农牧民专业合作社成长的动力支持体系，提出增强农牧民专业合作社成长能力的对策、措施，以及政府促进农牧民专业合作社成长的政策制定的建议。

二、研究方法

（一）规范分析与实证分析相结合

本书使用的规范分析主要是，以合作经济理论和组织生命周期理论为基础，界定农牧民专业合作组织成长性的内涵；以系统论观点判别影响农牧民专业合作组织成长的内外部动力因素，以此确立研究的理论分析框架。在实证分析中运用了大量的实证资料，以掌握青海藏区农牧民专业合作社发展现状，通过成长性评价判断青海藏区农牧民专业合作社发展的真实水平，以便在科学评价基础上制定具有针对性的对策、措施。

（二）定性分析与定量分析相结合

对农牧民专业合作社成长性进行研究，既要通过定量分析反映其成长水平和发展能力，又要进行定性分析描述阶段性特征。此外，对农牧民专业合作社成长动力因素的分析也是从定性和定量两方面进行，分析掌握动力因素的影响机制及影响程度。

（三）定量分析与案例分析相结合

案例分析法是定量分析法的重要补充，本书列举了合作社运行模式、治理机制等各方面的典型案例，真实再现农牧民专业合作社的发展背景、运行过程及效率，以直观、简明的方式进一步丰富研究内容。

三、 技术线路

如图 1-1 所示。

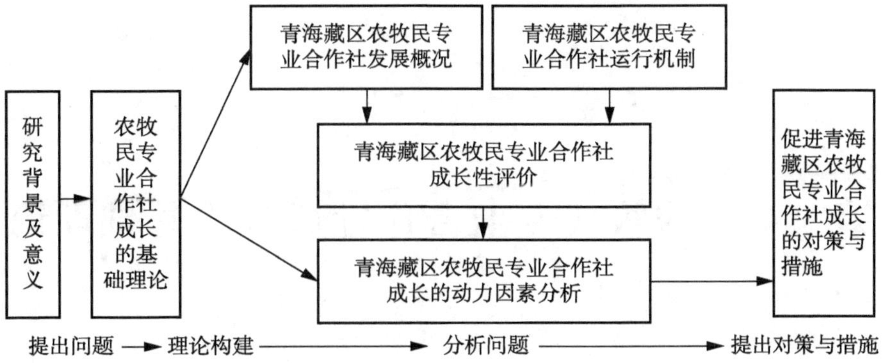

图 1-1　农牧民专业合作社成长研究技术线路图

第二章 农牧民专业合作社成长的基础理论

本章在借鉴前人研究成果的基础上，研究界定农牧民专业合作社及其成长性和成长动力机制的概念与基本特征，总结介绍系统论和组织生态学的相关理论观点和主要内容，以形成研究的理论支撑。

第一节 农牧民专业合作社

一、国际合作社联盟的经典定义

（一）农民专业合作社的起源

国际合作社运动最先由工人消费合作社发起，后来随着欧洲工业革命的发展才逐步延伸到农业领域。农民合作社的名称在不同的历史时期具有不同的提法。因为最早具有合作意识的是农场主，所以称为“农场主合作社”，之后相继称为“农业合作社”“农业生产者合作社”。进入 20 世纪 90 年代，又出现了新名称“新一代农业合作社”。不管名称有何不同，这些名称都有一个共同的缘起，那就是“合作社是弱者的联合”，这种组织是农民（农业）为改变自身经济状况而自觉发起的互助联盟。关于农民合作社的定义，由于各个国家的经济、文化、政治及社会意识形态存在差异，所以合作社发展的方向和定义也不尽相同。

（二）农民专业合作社的定义

关于农民专业合作社的定义，最权威的当属国际合作社联盟在纪念联盟成立100周年大会上所作的："合作社是人们自愿联合组成的自治性的协会，通过联合拥有和民主控制的企业来满足其经济、社会和文化方面共同的需求和渴望。①"

结合国际合作社联盟规定的七条原则进行定义，合作社的基本内涵应包括以下四方面的内容：

第一，合作社的所有权由其成员"联合所有"，指每一个成员在合作社的财产数量（权益）相加的数额应该等于合作社的财产总额。因为"联合拥有"和"共同所有"涵义上明显存在差异，所以合作社区别于集体所有的合作经济形式。

第二，合作社的法人治理机制是通过民主程序实施的，社员有权参与合作社政策制定以及重大问题决策。在合作社治理活动中，每个社员地位平等，实行"一人一票"原则，这与公司制实现"一股一票"不同。

第三，社员对合作社均等出资，出资额只是社员资格的象征，限制投资回报率涨幅，不能高于同期银行利率。合作社盈余分配优先分配惠顾额，其中有一部分是不可分割的，属于合作社共同所有，合作社是"劳动的联合"。

第四，合作社以服务成员为宗旨，即合作社开展服务活动是以成员的需求为依据，为成员统一组织生产资料购买和产品销售等。合作社讲求所有者与惠顾者同一性原则。合作社不以营利为目的，所以被称为特殊的企业，区别于一般的企业。

国际合作社联盟的原则对指导国际合作化运动发挥了积极作用，但随着时代发展，原有的部分原则明显落后于社会实践，比如限制资本报酬数额，也就限制了合作社对科学技术的应用和扩大再生产。随着市场经济的

---

① International Co-operative Alliance. Statement on the Co-operative Identity, 1995.

发展，合作社面临的竞争压力越来越大，如果只是恪守服务成员的信条，忽视市场需求和市场开拓，合作社可持续发展将陷入困境。

二、我国农牧民专业合作社概念的界定

（一）农牧民专业合作社的基本定义

对“农牧民”的主体定位完全是为了适应本书研究需要提出的。本书中的“农牧民”是指长期从事农牧业生产的农村居民。青海藏区是我国五大牧区之一，牧业人口和畜牧业产值在地区国民经济中占有较大比重。由于农业生产和畜牧业生产具有不同的特性，在进行农牧民专业合作社成长研究时会表现出不同的特点，所以，本书采用了联合定位的方法，称之为农牧民专业合作社，但是，在借鉴其他研究资料时还会使用农牧民专业合作组织的提法。

我国的农牧民专业合作社是在家庭联产承包经营制运行过程中，为解决小生产和大市场之间的矛盾，逐步形成和发展起来的，具有特定的时代背景和文化内涵。借鉴国际合作社联盟的经典定义和我国农民专业合作社法中的定义，本书对农牧民专业合作社的概念界定是，建立在农村家庭联产承包经营制基础上的，以农牧民为主体，自愿联合、民主管理，通过开展多种形式的生产经营活动为成员服务，为用户服务，以实现农牧民自我发展、自我维护的互助合作经济组织。

农民专业合作社的本质是“弱者的联合”，是农民的互助性组织，是一种反映农民利益诉求的制度供给。农民专业合作社的治理模式是“民办、民有、民管、民受益”。在此必须明确，发展农民专业合作社，并不是要替代或否认家庭联产承包经营制，恰恰相反，它是对家庭联产承包经营制的进一步完善，即所谓“生产在家、服务在社”。

（二）农牧民专业合作社与农牧民合作经济组织的定义范围

农牧民专业合作社定义中对“专业”的内涵进行了界定，使“农牧民

专业合作社”与“农牧民合作经济组织”相区别。一词之差，二者所涵盖的范围就有很大的差别。从广义上说，农牧民合作经济组织包括了农村社区集体经济组织、供销社、信用社和农民专业合作社。其中，农村社区集体经济组织是建立在“以家庭联产承包经营制为基础、统分结合的双层经营模式”体制下，属于集体所有的经济成分，虽然它也是合作经济，但是产权归集体所有，由生产队统一经营。供销社是按照传统合作社原则组建的合作经济组织，吸收农民入股，实行民主管理，按交易额分红。但它随着合作化运动的开展，供销社已经完全公有化，不再具有合作经济的性质。信用社是计划经济时期农村基层金融组织，吸收农民存款，按需发放贷款，解决农民资金需求问题，具有民主办社的合作组织性质。但是，它与供销社命运一样，受到合作化运动影响，成了国家银行的组成部分。[①]上述三种类型的农民合作经济组织由于不具备或已缺乏专业合作组织的基本定义成分，所以不属于本书的研究对象。

（三）农牧民专业合作社的基本特征

我国农牧民专业合作社继承了国际合作社联盟关于合作社发展的基本精神，但也不是完全照搬，其基本特征主要表现在以下几个方面：

第一，开放的成员资格。合作社法规定：农民专业合作社的成员中，农民至少应占总数的百分之八十，同时也允许企事业单位或社会团体以成员身份加入合作社。这一规定一方面确立了农民在合作社中的主体地位，另一方面也体现了农民专业合作社发展的实际需求。因为企事业单位往往具有较雄厚的资金条件、技术条件，对于带动农民专业合作社发展具有积极意义。

第二，基本表决权和附加表决权相结合。根据合作社章程，惠顾额较大或出资额较多的成员可以享有附加表决权，以此体现公平与效率兼顾的原则。这是因为在现实条件下，合作社要发展壮大，不断提升自身竞争

① 冯飞．西部地区农民专业合作经济组织发展研究［D］．杨凌：西北农林科技大学，2007.

力，就必须正视成员之间的差异，给贡献较大的成员以更多的激励。

第三，为成员服务与为用户服务相结合。经典的合作社原则表明，合作社是为成员服务的，不以营利为目的。但是，面对日趋激烈的市场竞争，合作社必须把盈利作为第一要务，把改善合作社成员的经济状况作为合作社发展的终极目标。

三、我国农牧民专业合作社类型的划分

科学划分农牧民专业合作社是后续进行合作社发展现状分析的基本依据。结合青海藏区农牧民专业合作社发展实际，并借鉴前人的研究成果，本书以发起人身份、合作社功能、成员与组织的紧密程度为依据，对农牧民专业合作社进行分类。

（一）按照发起人身份划分

发起人是影响合作社发展的重要因素。如果发起人是自然人，由于其特殊的经历、人脉资源和已经掌握的生产经验，会对农牧民专业合作社发展起到积极带动作用；如果发起人是企事业单位，会对合作社的技术、资金形成强大支持，也有利于合作社开拓市场。以发起人身份为依据，可将农牧民专业合作社具体划分为能人带动型、专业大户带动型、龙头企业带动型、农技部门带动型四种类型。各种类型的创办方式和主要特点见表 2-1。

表 2-1　按照发起人身份划分的农牧民专业合作社类型

合作社类型	创办方式	主要特点
能人带动型	发起人以其特殊经历、人脉资源创办合作社	合作社利用创办人的身份优势，筹措资金，提高管理效率，成员对带头人信任度较高
专业大户带动型	发起人以其成熟的生产技术和经验创办合作社	合作社利用创办人的生产经营经验实施专业化、规模化生产
龙头企业带动型	龙头企业以其资金、技术优势带动合作社发展	合作社与龙头企业之间形成“公司+合作社”“公司+合作社+农户”的经营模式，实现品牌营销

续表

合作社类型	创办方式	主要特点
农技部门带动型	县、乡农技部门以其技术条件带动合作社发展	合作社依托农技部门进行新品种培育、科学种植、病虫害防治，农技部门等同于专业技术协会

（二）按照合作社功能划分

农牧民专业合作社的功能即合作社的服务内容，是合作社在工商部门登记、取得法人资格的重要依据。农牧民专业合作社既要为社员服务，也要为用户服务，应及时掌握市场动态，提供适销对路的产品或服务，努力提高自身经济效益。根据服务内容的不同，农牧民专业合作社可以分为采购型、销售型、生产型、加工销售型、服务型和经营型，见表 2-2。

表 2-2　按照合作社功能划分的农牧民专业合作社类型

合作社类型	服务内容	主要特点
采购型	统一组织生产资料供应	合作社以低于市场的价格销售生产资料，成员以惠顾额获得盈余二次返还
销售型	统一组织产品销售	合作社以保护价收购农畜产品，成员以惠顾额获得盈余分配
生产型	统一组织生产经营，发展种植业、养殖业	合作社经成员出资或土地流转从事专业化生产，成员可作为所有者、劳动者获得分红、租金或工资收入
加工销售型	以一定经营资产开展农畜产品深加工	合作社收购农畜产品原料，通过加工销售产品获得利润，成员以交易量获得利润分红
服务型	开展技术、信息、生产托管等有偿服务	合作社以收取服务费形式发展，成员以惠顾额获得盈余分配
经营型	从事农村民间工艺及制品、休闲农业和乡村旅游的开发经营	成员凭借手工艺制品、文化产品等加入合作社，合作社面向市场，开发、利用优势资源，增加农牧民收入

（三）按照成员与组织的紧密程度划分

合作社成员与组织之间的紧密程度往往受成员出资方式的影响，不同的出资方式，表现出不同的紧密程度。一般来说，农牧民专业合作组织越紧密，组织凝聚力越强，越有利于发展。按照紧密程度的不同，可将农牧民专业合作社划分为生态畜牧业合作社、农牧民专业合作社、专业技术协会三种类型。首先，生态畜牧业合作社在创办方式上要求全体农牧民加入合作社，以牛羊和草地折价入股，由合作社统一组织畜牧业生产，所以，这种类型的合作社紧密程度最高。其次，农牧民专业合作社成员以其资产加入合作社，出于对自身资产收益的关注，成员与合作社之间关系较为紧密。最后，专业技术协会的成员与协会之间没有财产关系，因此，相对比较松散。见表 2-3。

表 2-3　按照紧密程度划分的农牧民专业合作社类型

合作社类型	紧密程度	主要特点
专业技术协会	紧密程度最高	成员通过牛羊、草地入股，以股东身份关注组织发展及自身经济条件保障程度
农牧民专业合作社	较为紧密	成员投入资产，关注合作社发展成效及盈余分配
生态畜牧业合作社	比较松散	协会收取会员费，没有盈余分配，成员对合作资产没有所有权

第二节　农牧民专业合作社成长相关理论

一、系统论的主要观点

系统论是奥地利生物学家贝塔兰菲（L. V. Bertelanffy）于 1937 年创立的。关于系统的定义，我国空气动力学家和系统科学家钱学森给出了一个更为完整的界定，即系统是指由相互联系和相互依赖的若干组成部分相结合的具有特定功能的有机整体。① 系统方法要求把研究对象当作一个系统看待，通过研究系统与要素、要素与要素、系统与环境之间的相互作用、

① 钱学森，徐国志，王寿云．论系统工程（增订本）［M］．长沙：湖南科学技术出版社，1988：7-27.

相互联系、相互制约的关系，揭示事物运动变化的内外部原因及协调机制。

系统论的主要内容包括系统结构有序性理论和系统演化理论。首先，系统结构有序性理论的基本观点包括：①系统内各要素之间相互联系、相互制约，当某个要素的性质或数量发生变化时，将导致整个系统的功能发生改变。②组成系统的各要素、各子系统具有相应的职能分工，在各居其位、分工协作条件下，共同完成系统的整体功能。其次，系统演化理论表明，系统的演化分为进化和退化。一个系统如果长期处于封闭的、内部结构体系不变的状态（称为“稳恒态”），由于系统内部的热运动并没有停止，将导致系统的熵增加。熵值越大，系统越无序、越混乱，有用功减少，系统功能减退。如果系统能自觉抵消内部的熵增，就会使系统的结构由无序走向有序，系统功能由低级向高级演化，这一过程又被称为系统的自组织。系统的自组织过程要求系统必须是开放的，因为只有在开放条件下才能从外界获取资源和信息，即输入负熵，使系统有序度增强，功能提升。与此同时，系统可以向外界输出生成物，系统无序度降低，称为“耗散结构”。系统演化理论进一步说明，竞争、激励、差异性是系统实现自组织的重要动力源。如果经济组织能制定出竞争、激励的制度、规则，通过各子系统的协同作用便会形成自组织的动力学演化[22]。

农牧民专业合作社是一种从事经营性活动的经济系统，具有特定的组织结构和功能，在自身功能不断完善的基础上，其成长也受到地区经济发展水平、社会文化环境以及政府政策支持与调节的影响。本书将以系统论为理论基础，科学界定农牧民专业合作社成长的概念，构建成长性评价指标体系，并进一步研究农牧民专业合作社成长动力机制。

二、组织生态学的相关内容

经济组织不是一成不变的，它会经历产生、发展、成熟的生命过程，如果没有适时的选择策略，原有的组织体系必然会走向消亡。组织生态学是把生态学理论和新制度经济学、产业经济学相结合，研究组织个体发展以及组织与组织、组织与环境关系的一门新兴交叉学科。① 组织生态学认为，组织合法性、组织惯性和组织生态位是引导组织进化的主要变量。

组织合法性是指由价值、信念和规范组成的社会环境，假定对一个组织行为认可、接纳。合法性之所以重要，不仅是因为它表明经济组织能否被社会或规则接受，更重要的是具有合法性的组织可以从社会环境中获取发展资源。组织合法性分为规制合法性、规范合法性和认知合法性，规制合法性是必须遵守的政策和法律内容；规范合法性是行业指导性制度内容；认知合法性体现的是各利益相关者对组织的认知和认可。组织的创立是合法化的过程，组织年龄的越大，合法性越强。但制度不会一成不变，合法性变量的变异策略应该是主动适应规范合法性，积极促进认知合法性产生。组织惯性是指组织长期形成不易改变的惯例行为，包括资产专用性、技术依赖等。惯性行为对初创时期的组织生产和竞争力提高有利，但长期积累的惯性行为会导致组织的灵活性和变异性降低。组织生态位是指在多维资源空间里，某个组织所能占据的资源种类及相应份额[23]。组织生态位越高，占据的资源越多，则越有利于成长。但是，同类组织往往会占据相同的资源空间，那么，在资源环境容量和市场容量饱和的条件下，将导致组织之间的竞争，结果只能是优胜劣汰。在组织初创时期，组织数量少，成活率高，死亡率低，但到后期，情况正好相反。所以，组织变异策略应该注意生态位重叠，避免出现被淘汰的现象。

农牧民专业合作社作为一种社会经济组织，同样遵循组织生命周期规律，接受资源环境约束和市场选择，所以要主动选择变异策略，以促进成长。组织生态学理论是农牧民专业合作社成长的概念界定和阶段划分的科学理论依据。本书把系统论与组织生态学理论相结合，适用于对农牧民专业合作社成长动力因素的选择和动力机制的研究。

---

① 侯杰，陆强，石涌江，等．基于组织生态学的企业成长演化：有关变异和生存因素的案例研究［J］．管理世界．2011（12）：116-130.

第三节 农牧民专业合作社成长性

一、农牧民专业合作社成长性概念的界定

（一）农牧民专业合作社成长性的概念

农牧民专业合作社是经营性经济组织，发挥资源配置功能，提高投入产出效率是其核心目标。因此，农牧民专业合作社成长就是指合作社充分利用内外部资源，通过合理的制度安排和高效的生产经营，推进合作社效率提高和农牧民收入不断增长的过程。

一个经济组织究竟有没有成长？成长状态如何？解释这些问题的关键在于对成长性概念的界定。农牧民专业合作社成长性就是合作社在持续成长的过程中所表现出的综合特征和成长趋势。农牧民专业合作社成长性评价即对其成长水平、成长程度的衡量。农牧民专业合作社成长是“质的提升”和“量的增长”相互结合、相辅相成的过程[14]。质的提高指的是合作社组织功能的提升，包括组织制度的优化，生产经营效率的提高等；量的增长指的是合作社规模的扩张，具体表现在成员数量、资产数量和主营业务收入等方面。农牧民专业合作社成长是质量互变的过程，质的提升可以促进量的增长；反过来，量的积累为质变做准备。另外，农牧民专业合作社是特殊的企业组织，具有经济属性和社会属性。经济属性决定了农牧民专业合作社的成长必须表现为合作社自身效率的提高，而社会属性则要求合作社以提高成员收入为主要目的。

（二）农牧民专业合作社成长性的主要特征

首先，良好的成长性表现应该是持续的。在一个较短的时期内，我们无法判断一个经济组织究竟有没有成长性，即所谓成长状态如何。一时的繁荣不能看作是有成长性的。其次，要有明显的成长趋势，即经济组织要

处于由小变大、由弱变强的过程之中，无论是经济组织规模还是生产经营能力，现期和前期比都应有所增加。最后，要有改革探索性，农牧民专业合作社成长的道路不可能是一帆风顺的，为了改革创新，暂时出现业绩下降和组织机能调试都是正常的，甚至为了实现可持续成长目标还是必需的[24]。

二、农牧民专业合作社成长阶段的划分

科学构建农牧民专业合作社成长阶段划分体系，对于准确判定合作社所处的成长时期，识别成长中的问题，以及对问题的治理都具有非常重要的意义。本书以组织生态学理论为指导，通过大量的实地调查和实证分析，将农牧民专业合作社的成长阶段划分为创建期、成长期、成熟期和衰退期四个阶段。现将各阶段的成长内容和成长特征进行具体介绍，并绘制农牧民专业合作社生命周期示意图，如图 2-1 所示。

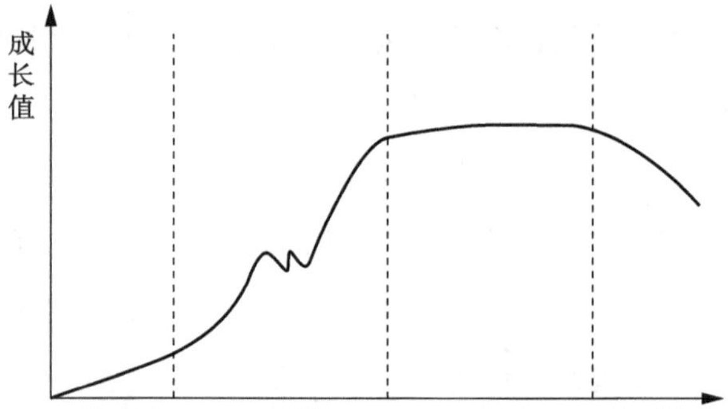

图 2-1　农牧民专业合作社生命周期示意图

（一）创建期

农牧民专业合作社注册登记并开始运营，即进入了创建期。创建期实质是合作社组织合法化的过程，完成组织登记就已具有了规制合法性，之后的重点工作就是解决规范合法性和认知合法性问题。农牧民专业合作社发起人首先要制定合理的组织章程，并尽力宣传；争取广大农牧民的认

可，以壮大成员队伍；争取国家政策支持；积极开拓市场，针对合作社的经营目标进行市场细分和竞争环境分析，确立市场发展定位。创建期合作社的特点是规模小、投入多、产出少，主营业务利润率不高，在合作社内部治理层面表现出以“个人为中心”的特点。因此，创建期的合作社成活率高，死亡率也高。

（二）成长期

当农牧民专业合作社经过创建期的规范化建设之后便进入成长期，但会经历一个比较曲折的成长过程。随着规模不断扩大，成员差异越来越明显，原有的个人治理体制将受到挑战。首先，进入这一时期，人们对合作社的利益分配倍加关注，不同人群对利益分配原则和分配方式将产生不同的看法。其次，由于市场竞争压力大和消费者的多样化需求，合作社不仅要面对治理模式的选择，还要面对经营方式的选择。如果选择正确，农牧民专业合作社可持续成长，反之将被淘汰。所以，成长期是整个农牧民专业合作社生命周期中最重要的环节，也是一个转折点。这一时期的基本特征是合作社规模继续扩大，实力不断增强，专业化水平不断提高，最终形成自己的主导产品，营销渠道逐步稳定。

（三）成熟期

经历成长期的探索、发展之后，农牧民专业合作社便进入成熟期，这对合作社的成长已达到国家级示范社标准或省级示范社标准，合作社成员收入明显高于当地非成员收入，合作社在社会公众心目中树立了良好形象。合作社的成长模式由外延式向内涵式、由粗放型经营向集约型经营转变。成熟期的主要特征是，虽然规模扩张速度下降，甚至不扩张，但效率继续提升[25]，如成员数量增长、总资产增长率和总收入增长率几乎为零，但资产盈利率和主营业务利润率不断增长。另外，进入成熟期的农牧民专业合作社生产惯性沉积较大并具有较高的组织生态位，这些特征一方面能成就合作社过去的发展，另一方面也可能成为合作社未来发展的潜在威胁。

（四）衰退期

农牧民专业合作组织长期形成的技术依赖和组织管理惯性致使其营利能力降低，原有的治理模式不能产生激励效应。此外，资源环境的约束和市场环境容量开始对组织生态位产生调整作用。所以，这个阶段农牧民专业合作社的成长特点是生产萎缩、效率下降，甚至还会出现负增长。

三、农牧民专业合作社成长动力机制

农牧民专业合作社的成长要经历一个从无序到有序、从低级到高级的发展演化过程，表现为量的积累和质的提高。农牧民专业合作社成长动力机制是指合作社在成长过程中推动其实现量的积累和质的改善的原因[26]。动力机制具有相关性和目的性[16]，本书研究的主要内容就是识别推动农牧民专业合作社成长的动力源，分析动力因素之间的相互作用关系，明确合作社成长的路径。

（一）动力源

内因是变化的根据，外因是变化的条件。农牧民专业合作社成长的动力源分为内源动力和外源动力。其中，内源动力包括资源、技术、领导者才能以及合作社的内部治理机制和生产经营模式等，这些都是推动合作社成长的动力因素。在外源动力方面，政府政策、同行业竞争是农牧民专业合作社发展的最重要动力因素。“三农”问题和现代农牧业建设是各级政府的职责所在，政府通过制定产业政策，财政、金融和税收政策积极引导和支持农牧民专业合作社发展。市场竞争可使农牧民专业合作社变压力为动力，推进合作社持续成长。

（二）动力因素之间的相互作用关系

动力机制发挥作用，强调各动力因素之间相互作用以形成合力，共同推进农牧民专业合作社成长，而不是各个动力因素单方面影响。农牧民专业合作社好比一个开放的系统，政府支持、同行业竞争、市场需求信息等外源动力使合作社呈现负熵状态。合作社熵值减小的过程也就是合作社有序性增加，系统功能增强的过程。农牧民专业合作社本身必须时刻保持平衡态，不断完善治理机制，形成差序结构，根据用户需求适时调整经营策略，这样才能够在外部因素“涨落”的影响下更有效地推动合作社发展。农牧民专业合作社成长动力机制分析如图 2-2 所示。

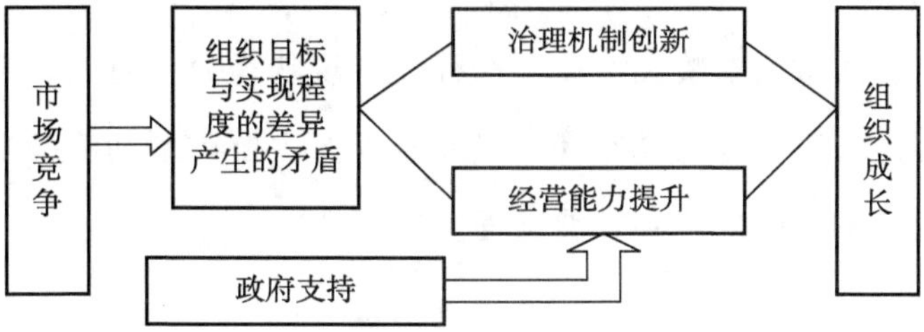

图 2-2　农牧民专业合作社成长动力机制分析图

第三章　青海藏区农牧民专业合作社发展概况

本章以青海藏区农牧民专业合作社发展现状为分析重点，通过图表及典型案例描述农牧民专业合作社的发展规模、主要类型和服务功能，并关联介绍合作社的发展环境和发展历程。

第一节　农牧民专业合作社发展环境

一、自然地理环境

青海藏区是我国第二大藏民族聚集区，共包括海北藏族自治州、海南藏族自治州、海西蒙古族藏族自治州、黄南藏族自治州、果洛藏族自治州、玉树藏族自治州六个州，下辖 32 个县（市、行政委员会）。地区总面积为 69.6 万平方千米，占青海全省总面积的 97%。2010 年青海省第六次人口普查结果显示，青海藏区总人口数量为 202.12 万。其中，汉族人口数量为 77.71 万，占藏区总人口数量的 37.89%；藏族人口数量为 105.86 万，占藏区总人口数量的 56.39%。藏区平均每平方千米有 2.61 人，是典型的地广人稀地区[27]。

青海藏区地处青藏高原腹地，平均海拔 3,370 米，其中 16 个县海拔 3,500 米以上。黄南州地势南高北低，南部泽库、河南两县属于青南牧区，海拔在 3,600 米以上。玉树州是青海藏区海拔最高、人均占有土地面积最大的一个自治州，地处三江源头，平均海拔在4,200米以上。海北州地处祁连山中部地带，海拔高度2,180~5,287米。青海藏区气候属于高原大陆性气候，高寒缺氧，寒冷期长，太阳辐射强，昼夜温差大，干旱少雨。最高气温在33.3℃左右，最低气温在-42℃左右[28]。

二、社会经济环境

受自然地理条件的影响和制约，青海藏区区域经济发展差异性大、整体发展水平不高。相关研究表明，青海藏区经济发展表现为三种不同的类型：一是以环青海湖地区和柴达木盆地为代表的地区的经济发展，由于旅游资源知名度高、地域矿产资源丰富，该地区经济发展条件较好，经济发展水平略高于全省平均水平；二是黄南州和海南州各县的经济发展，农牧业资源禀赋和环境条件较好，地区经济以发展农牧业为主，经济发展程度接近全省平均水平；三是玉树州、果洛州所辖各县的经济发展，完全属于纯牧业地区，海拔高、自然环境恶劣，地区经济长期处于生态与经济的双重贫困状态之中[29]。就整体状况来看，2017年青海藏区生产总值为935.59亿元，占青海省生产总值的35.36%。这与青海藏区的地域面积、资源状况极不相称。从十年来的国民经济发展状况分析，该地区产业结构变动趋势符合工业化发展的一般规律，但是整体发展水平较低。第一产业以传统畜牧业为主，农畜产品加工业发展滞后；第二产业以重工型、资源型产业为主，产品附加值低，产值利润率不高；第三产业发展不完整，对经济发展的服务带动能力弱。

农牧业是与生态环境联系最为紧密的行业，在小农经济思想支配下，长期形成的细碎化、固有化的耕作、放牧模式导致土地沙化、草原退化。为了满足不断增长的物质生活需求，只能持续提高耕作强度和增加草地载畜量，导致草畜矛盾日益尖锐。相应地，自然生态环境的恶化致使农牧业产出效率不高、农业积累不足[30]。多年来，农牧民收入水平低于青海东部地区，仅是全国农村居民人均收入水平的70%。由于地域偏远，经济欠发达，基础设施建设滞后，教育资源分配不均，导致劳动力素质低，社会发展能力不足。发展农牧民专业合作社不仅有利于提高农牧民组织化程度，实现农牧业规模化、产业化经营，促进农牧业提效、农牧民增收，而且随着农牧业经营方式由粗放型向集约型转变，将对生态环境保护起到积极的推动作用。

第二节　农牧民专业合作社发展历程①

一、萌芽阶段

1984 年至 1999 年，农牧民专业合作社处于萌芽阶段。

1984 年，中央 1 号文件指出，农民可以“不受地区限制，自愿参加或组成不同形式、不同规模的各种专业合作经济组织”。到 20 世纪 80 年代后期，青海藏区陆续出现了农牧民根据生产经营需要自愿组成的各种专业技术协会和专业合作社等，如海西州德令哈市怀头他拉绒山羊协会等。1990 年，国家科学技术委员会出台《农业技术经济服务合作协会示范章程》，并在青海等省进行试点推广。1999 年，据农业经济部门统计，各类专业协会数已达 110 家，会员有 3, 691 人，协会拥有固定资产 65. 8 万元。按产业划分，种植业有 28 家、养殖业有 13 家，加工运输业有 8 家，其他产业有 61 家。种养业协会占协会总数的 37. 2%，规模较大，运行比较规范。从协会服务内容来看：从事技术信息服务的有 75 家，从事资金服务的有 4 家，从事供销服务的有 24 家，有服务实体的有 7 家。这个时期的专业合作组织大多称作“专业技术协会”或者“研究会”。兴办形式是以能人和专业大户为主体，活动内容以技术合作和信息交流为主。

① 资料来源：本部分内容是通过对青海省农牧业主管部门的统计资料整理而来。

二、探索阶段

2000 年至 2006 年，农牧民专业合作社处于探索阶段。

2002 年，由青海省农业厅、畜牧厅联合进行实体经营型农牧民专业合作组织（后来称为农牧民专业合作社）试点工作。试点的主要目的为：第一，以原有集体经济组织为对照，检验农牧民专业合作社功能发挥的积极作用；第二，探索不同形式的农牧民专业合作社在不同经济发展水平的地区的适应性问题。两年过后，试点工作结果显示，农牧民专业合作社充分展现了农牧民自愿联合、按需消费、自主消费的特点，运行效率明显高于集体经济组织形式，合作社本身也取得了良好的经济效果。2005 年，国家和地方政府相继投入扶持资金，扶持农牧民专业合作社提供信息、技术、培训、市场营销等服务。截至 2006 年底，青海藏区农牧民专业合作组织数量达到 156 家。其中，农牧民专业合作社有 108 家，成员有 3, 400 户，带动非成员家庭 6, 300 户。以农牧民身份设立的农牧民专业合作社有 86 家，占总数的 79. 6%；农业技术部门牵头的有 9 家；基层供销社牵头的有 3 家；企业牵头成立的有 1 家；其他有 9 家。从服务内容看，从事产加销一体化服务的有 67 家，占 62. 03%；从事储运服务的有 21 家；从事加工服务的有 12 家；从事其他服务的有 8 家。这一时期，多渠道管理是其突出特点，具有实体性质的农牧民专业合作社需按规定在工商部门登记，登记的共 18 家。专业技术协会型农牧民专业合作社在民政部门登记，共登记 45 家；未登记的合作社有 45 家。农牧民专业合作社逐步走向程序化、法制化的轨道。

三、发展规范阶段

2007 年至今，农牧民专业合作社处于发展规范阶段。

2006 年 10 月，我国出台了《中华人民共和国农民专业合作社法》（以下简称《农民专业合作社法》），于 2007 年 7 月 1 日正式实施。农牧民专业合作社的合法权益受到保护，而且从法律层面规定了各级政府要在农牧民专业合作社发展上给予各种优惠。国家的政策法规顺应了广大农牧民互助合作的潜在需求，极大地释放了政策活力，从而有力推动了农牧民专业合作社发展。截至2018年末，青海藏区已有农牧民专业合作社4,818家，合作社成员家庭数量57,240户，带动非成员家庭64,000户。在合作社数量增长的同时，政府主管部门进一步推进合作社规范化建设和质量建设。主要内容包括建立、健全内部规章制度，加强成员民主管理等。例如，2007年6月29日，农业部令第4号《农民专业合作社示范章程》发布，同年12月，财政部出台了《农民专业合作社财务会计制度（试行）》，2009年，青海省人民政府办公厅又制定了《关于促进农牧民专业合作社发展的意见》（青政办［2009］105号），提出了农牧民专业合作组织规范化发展的目标和重点任务。此外，以规范化建设为突破口，逐步加强合作组织基础建设，提升其发展质量和发展能力。2008年青海省农牧厅下发了《关于评选省级农牧民专业合作组织的通知》，在政策引导下，各地陆续开展了多种形式的农牧民专业合作社示范活动；涌现了一批章程规范、运行机制良好、服务功能健全、有自主经营品牌、有一定经营规模和明显增收效果的合作社。目前，共创建省级示范社126家，国家级示范社28家。

第三节　农牧民专业合作社发展现状

由于政府部门的统计资料有限，所以把开展实地调研作为对农牧民专业合作社发展现状研究的重点工作。主要调研方式包括问卷调查和深度访谈。通过问卷调查，收集和整理农牧民专业合作社发展的数据资料，共发放问卷500份，收回问卷467份，有效问卷425份，有效问卷占比85%。通过深度访谈，了解合作社发展背景、运行过程、面临的主要问题，以及相关政策建议等。调研对象包括地方农牧业主管部门负责人、合作社负责人、合作社普通成员和当地非成员家庭，共开展访谈活动 201 次。所以，下面的统计分析资料除了有特别说明的以外，大多来自调研。

关于在进行调研方案设计时调研地方选定的问题，主要以青海藏区各地的气候条件和产业类型为基础，依据海拔高度的变化划分为温凉型气候下的具有多种经营产业类型的地区；冷凉型气候下的种植业养殖业产业类型地区；高寒型气候下的草地畜牧业产业类型地区。据此选定黄南州尖扎县、海北州门源县、海西州天峻县、海南州同德县和贵南县作为实地调研地区。调研数量的确定主要依据的是上述地区的人口数量和农牧民专业合作社在农牧主管部门登记情况，同时结合了研究的实际需要最终确定。各地调研合作社数量分布情况见表 3-1。

表 3-1　调研样本分布统计

地区名称	气候类型	产业类型	乡村人口数量（人）	合作组织总数（家）	调查样本数量（家）
尖扎县	温凉型气候	多种经营	44, 264	100	14
门源县	冷凉型气候	种植业养殖业	124, 740	155	35
同德县	高寒型气候	草地畜牧业	51, 936	68	17
贵南县	高寒型气候	草地畜牧业	58, 771	113	18
天峻县	高寒型气候	草地畜牧业	14, 857	54	12
合计			294, 568	490	96

说明：乡村人口数量数据来源于《2018 年青海省统计年鉴》；合作组织总数是指在农牧业主管部门登记备案的合作组织数量；天峻县和同德县合作组织总量是本书作者通过典型调查，了解到的该地区在农牧主管部门登记的生态畜牧业合作社总数。

一、发展规模

（一）合作社数量

青海藏区农牧民专业合作社经历了萌发阶段、探索阶段和发展规范阶段，合作组织数量由 1999 年的 110 家增加到 2006 年的 156 家，增长了 1.418 倍，至 2018 年增加到 4, 818 家，增长了 43.8 倍。所以，2007 年依然是青海藏区农牧民专业合作社数量变化的转折点，合作社发生了突飞猛进的变化，如表 3-2 所示。

表 3-2 农牧民专业合作社数量变动趋势

统计时间	合作社数量（家）	增长速度（倍）	
1999 年	110	—	—
2006 年	156	1.418	—
2018 年	4,818	43.8	30.88

说明：本表所列数据来自农业主管部门统计资料。

合作社在各地区的分布如表 3-3 所示，海南州、海北州、海西州和黄南州拥有绝大多数农牧民专业合作社，玉树、果洛数量较少。青海藏区六州 32 县市共 2,442 个自然村，29.3067 万个农村家庭住户。按照资料统计，平均一个自然村就有 1.97 家农牧民专业合作社，这个数据相当于我国“三级所有、队为基础”时期生产队数量的两倍。农牧民专业合作社已成为新时期农牧业产业发展中最广泛的组织形式。经过十多年的发展，农牧民专业合作社建设成效较为显著，从各级政府部门开展的合作社规范化建设统计资料来看，海西州、海南州通过合作社规范化建设获得示范社称号的比例较高，海北州、黄南州次之。整个青海藏区已开展规范化建设评比的合作社数量为 1,029 家，占农牧民专业合作社总数的 21.35%。

表 3-3 农牧民专业合作社规范化建设地区分布

地区	合作社总量		规范社		示范社	
	数量（家）	比例（%）	数量（家）	比例（%）	数量（家）	比例（%）
海南州	1,326	27.52	320	24.13	136	10.26
海北州	1,252	25.99	231	18.45	118	9.42
海西州	1,110	23.04	295	26.58	170	15.32
黄南州	760	15.77	132	17.37	70	9.21
玉树州	220	4.57	30	13.64	3	1.36
果洛州	150	3.11	21	14.00	0	0.00
合计	4,818	100	1029	21.35	497	10.32

说明：本表所列数据来自农业主管部门统计资料。

政府部门的统计数据主要来源于各地农牧民专业合作社在工商、民政部的登记以及农牧业主管部门的备案。通过此次调研活动我们发现，青海藏区实际运行的农牧民专业合作社数量远远不及4,818家。调研采用了典型调查和随机调查相结合的方式，对青海省力推的生态畜牧业合作社进行了典型调查，对于其他大部分专业合作社则是通过随机抽样方式进行调查的。在实际抽样过程中，如果遇到空壳合作社就只能放弃，再行抽样。那么，凡是列入调查名单的，不管运行效果如何，都成功对其进行了实地调研活动。因此，此次调研的合作社数量就是实际运行的合作社的数量，共有93家，占备选合作社总数的19.59%。据此可以初步判断，目前，青海藏区实际运行的合作社数量只占登记数量的五分之一，数量在960家左右。通过进一步分析发现，这个数据几乎与政府部门确认的实现规范化运行的合作社数量1,029家相差无几。

通过调查了解到，存在空壳合作社的原因是相当一部分发起人草率注册农牧民专业合作社，对合作社的经营目标和经营内容认识不清楚，在不知道干什么和怎么干的情况下就草草注册；再加上资金迟迟不能到位，所以一开始就没有组织起实际的生产经营活动。还有一部分合作社由于自身经营管理不善，以及市场环境改变，合作社效率低下，无法持续生存。如生猪养殖，一方面近几年猪肉价格起伏不定，导致合作社利益无法保障；另一方面，猪饲料和猪的价格倒挂，养猪成本居高，合作社经营出现明显的“天花板效应”，获利空间越来越狭小。此外，在这些空壳合作社当中，也不可避免地出现套取国家优惠政策的情况，如获得土地审批权、税收优惠、农资补贴等现象，当这些利益没能实现时，注册的合作社就只能成为空壳合作社。由于政府清理整顿工作滞后，所以，这部分合作社仍然保留在登记记录之中。

（二）合作社规模

一定的成员规模是农牧民专业合作社发展的现实基础。规模越大，表明合作社带动能力越强，从事规模化生产、产业化经营的条件也就越充足。为展示青海藏区农牧民专业合作社的规模水平，本书将合作社的成员数划分为六个级别，分别为：10 户以下（含 10）、10～20 户（含 20）、20～30 户（含 30）、30～50 户（含 50）、50～80 户（含 80）和 80 户以上，统计工作在不同的区间上计票，调查结果见表 3-4。合作社数量占比最高的区间是 10 户以下（含 10）的区间，共有 56 家合作社，占调研总数的 58.33%，处于绝对优势。次之的是 30～50 户（含 50）的区间，有 15 家合作社，占 15.63%。其他区间的合作社数量均在 10%以下。从统计结果可以看出，占调研样本总数 74.99%的合作社成员数均在 30 户以下，调研的样本合作社的平均成员数为 23.10 户。2016 年全国农牧民专业合作社发展规模的平均水平达到 60.2 户，所以，青海藏区农牧民专业合作社规模偏小。

表 3-4　农牧民专业合作社成员数量统计

	成员数量（户）	合作社数量（家）	占比（%）	累计百分比（%）
区间划分	10 以下（含 10）	56	58.33	58.33
	10～20（含 20）	9	9.37	67.7
	20～30（含 30）	7	7.29	74.99
	30～50（含 50）	15	15.63	90.62
	50～80（含 80）	5	5.21	95.83
	80 以上	4	4.17	100

通过进一步分析发现，在 10 户以下（含 10）成员的合作社中，绝大部分合作社其实只有 5 户成员。那么，事实是非常明显的，《农民专业合作社法》第十条第一款规定，设立和登记农民专业合作社的成员数量应达到五人以上，所以大多数合作社都是按照最低数量注册了合作社。这些合作社的发起人之前基本上都是当地农村社区的能人、种植养殖大户或家庭农场经营者。在《农民专业合作社法》颁布实施以后，这些经营者转而注册农民专业合作社，因为以农民专业合作社方式经营具有较大的发展空间。至于成员数量没有进一步扩大的原因，通过调研了解到，一是因为这些合作社负责人不愿意接纳资金、土地等基本生产资料较少的农民加入，

担心成员加入会使合作社平均收益下降；二是合作社经营者缺乏冒险精神，合作社之间缺乏配合，不愿意走合作社联合发展道路，因此一直保持着较小的发展规模。30~50 户（含 50）的合作社成员数量较多的情况，也有一个不容忽视的特殊背景，就是这些合作社大部分属于生态畜牧业合作社，是青海省政策中力推的一种合作社类型。新时期，青海省提出“一优两高”发展战略，即“坚持生态保护优先、推动高质量发展、创造高品质生活”。农牧民专业合作社无论在规模化组织农牧业生产，还是科学化推动农牧业产业发展方面都采用新发展理念。因此，政府部门对生态畜牧业合作社给予了较大的关注和扶持，并且要求处于生态较为敏感地区的牧业村至少 70%的牧民加入合作社。

（三）农牧民组织化程度

农牧民专业合作社建设的目的就是提高农牧民组织化程度，改善农牧业的市场经济地位。农牧民专业合作社的组织化程度高低主要从两方面体现：一是加入合作社的成员数量占本地乡村户数的比例，即合作社的成员数越多，占乡村户数的比例越大，组织化程度越高；二是农牧民专业合作社带动非成员的数量占本地乡村户数的比例，这个比例越大说明合作社带动力越强，即组织化程度越高。

根据青海藏区农牧民专业合作社发展实际，本书将合作社带动非成员的数量界定为三部分之和，第一部分是合作社为非成员家庭提供就业岗位的户数；第二部分是合作社吸收非成员家庭流转土地的户数；第三部分是土地托管合作社所托管的非成员家庭数量。核算方法是，对于第一部分，首先要将季节性工人数折算为长期工人数，再按本地家庭平均人口折算为户数；对于第二部分，与合作组织签署租赁协议，计算以租金形式将流转土地放到合作组织的家庭数量，年底不分红，计算方法是以土地流转面积为基础，按照当地人均土地面积折算家庭数量；对于第三部分，对全托管家庭按照实有家庭数量计算，半托管家庭按照一半数量计算家庭数量，托管家庭只以缴纳托管费用获得托管服务，年底不分红。

计算统计结果见表3-5，天峻县、同德县由于生态畜牧业合作社的比例大，合作社自身的成员数量多，所以成员数占本地乡村户数的比例较高。门源县、贵南县的合作社带动非成员的数量多，合作社的带动能力较强。在这个过程中，土地流转成为合作社有效带动当地农牧民的主渠道，例如，门源县某农牧业专业合作社流转3,700亩土地，用以种植饲草；某绿色小油菜专业合作社流转7,000亩土地种植小油菜，以发展绿色食品产业；某土地联营专业合作社流转6,000多亩土地，以发展青稞、油菜等经济作物种植和燕麦饲草种植。

表3-5　农牧民专业合作社组织化程度统计分析

地区名称	组织数量（家）	成员数（家）	合作社平均成员数（户）	成员数占乡村户数比例（%）	带动非成员数占乡村户数比例（%）	成员及非成员占乡村户数比例（%）
尖扎县	14	149	10.64	12.26	16.00	28.26
门源县	35	298	8.51	6.56	21.48	28.04
同德县	17	746	43.88	27.26	12.63	39.89
贵南县	18	450	25	13.71	23.78	37.49
天峻县	12	485	40.42	43.58	10.82	54.4
总计	96	2,218	23.10	20.674	16.942	37.616

据相关部门统计，青海省自实施土地流转政策以来，土地流转去向包括去往农业专业大户、专业合作社、农产品加工企业及其他经营主体。其中，流转面积在土地流转总面积中占比最大的是专业合作社，占土地流转总面积的48.16%。土地流转政策助推了合作组织的发展，合作社在重新配置农业生产要素、提高农牧民组织化程度和农牧业产出效率方面发挥着积极作用。整体而言，农牧民专业合作社的组织化程度衡量项包括成员数占比和非成员数占比，两项合计，天峻县、同德县的数据仍然占据较高比例。这表明除了合作组织自身的建设以外，政策扶持也是不容忽视的支持力量。门源县合作组织数量多、规模小，合作组织带动力强，但人口基数大，解决合作组织规模小的问题将成为提高农牧民组织化程度的主要任务。

二、主要类型

（一）按照发起人身份划分类型

农牧民专业合作社发起人以其特有的经验、技术、阅历、胆识甚至人脉资源创建了合作社，而且这种特别的身份也会持续影响合作社的经营方向和经济效率。通过调研，依发起人身份特征的不同，合作社主要可分为乡村能人带动型、专业大户或家庭农场带动型、政府推动型三种。统计资料也突出显示了这种分类的现实代表性，其中，乡村能人带动型合作社占调查样本总数的 38. 55%，专业大户或家庭农场带动型占 32. 29%，政府推动型占 19. 79%，其他占 9. 37%。（表 3-6、图 3-1）

表 3-6　农牧民专业合作社创建方式统计

创建方式	乡村能人带动型	专业大户或家庭农场带动型	政府推动型	其他	合计
数量（家）	37	31	19	9	96
比例（%）	38. 55	32. 29	19. 79	9. 37	100

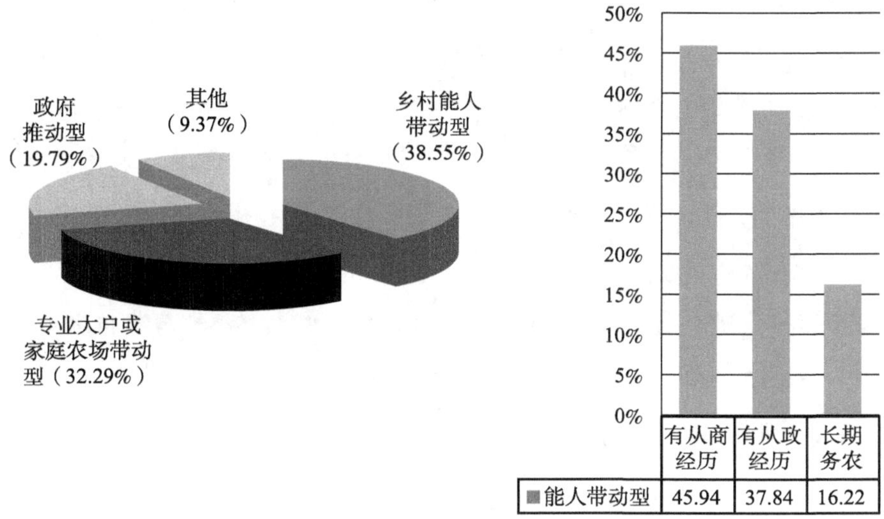

图 3-1　农牧民专业合作社创建方式结构

1. 乡村能人带动型

这些乡村能人有做过小买卖的，也有做过农村经纪人的，或者曾经在外打过工的，还有的是企事业单位离退休人员以及长期担任村干部的人。各能人以这种身份创建的合作社往往成员人数较少，大致都在5~10户，资产规模不大。为进一步探究合作社发展的具体特征，将乡村能人区分为有从商经历、有从政经历和长期务农的三种类型。统计资料显示，有从商经历的发起人占45.94%，有从政经历的发起人占37.84%、长期务农的发起人占16.22%（如图3-1）。农牧民专业合作社发展的实践表明，发起人的阅历对农牧民专业合作社寻找商机、打开销路、争取政策支持等都有重要作用，下面结合具体案例说明。

案例3-1　门源县某水果种植专业合作社的运营

发起人在合作社成立前一直在甘肃兰州打工，发现那里的农户种植人参果的效益好，在积累了一定的资金之后，于2012年回乡创办了合作社。合作社成员家庭5户，注册资金150万元。合作社主营业务是培育人参果苗，近三年的订单销售果苗树在300万棵以上，主要销往甘肃民勤县、兰州市、嘉峪关市、张掖市等地。生产经验表明，甘肃民勤县等地区气候炎热，适合人参果种植，而青海门源县气候凉爽，适合进行人参果苗培育。在冷凉气候条件下，培育的人参果苗叶子厚，根系发达，无病害。将这些苗木移植到气候温暖的地区种植长势好，产量高。在主营人参果苗的同时，合作社还流转200多亩土地，租用14个塑料大棚和一个玻璃大棚种植草莓和蔬菜，并在旅游旺季开展草莓采摘等体验性旅游项目。2018年总收入为250万元，纯收入为84万元。

案例 3-2 门源县某林草专业合作社的运营

发起人是本县农技管理部门退休人员，为发挥一技之长，于2013年注册合作社，成员5人，发起人个人出资100万元，其他合伙人共同出资50万元，注册资金共150万元。目前，合作社总资产600万元。一开始，合作社主要是发展养殖业，并为解决饲草问题流转500亩耕地种植燕麦饲草，从而把饲草种植和牛羊养殖结合起来。但由于近几年牛肉价格不稳定，合作社经济效益不佳。2016年，合作社将主营业务调整为苗木种植，流转本村120亩土地建立起苗圃，培育青杨、冷杉树苗。树苗主要销往玉树、果洛地区，为当地荒山绿化改造提供种苗。后来又与当地政府签署了供货协议，每年订货量为20万颗，销售渠道稳定。2018年经营总收入为210万元，纯利润为68万元。除了提取10%的公积金外，合作社分红61.2万元。

案例 3-3 同德县某牦牛繁育合作社的运营

合作社所在村共有120户牧民家庭，由于海拔高、地域偏远，该村一直是当地的贫困村，牧民人均纯收入不足800元。发起人担任村支书8年，于2010年卸去村干部职务，发起组建牦牛繁育合作社，积极动员牧民入股，有36户牧民相继加入合作社，注册资金为102万元。合作社现有母牛和牛犊共6,000多头，有600平方米的畜棚三座，650平方米的一座，40%的牛羊已经由草地放牧转变为设施养殖。合作社主要养殖奶牛，经营收入主要靠加工销售奶制品如酸奶、牛奶、酥油来获得。在基础设施建设过程中，合作社得到了政府部门的大力支持，包括江苏援建资金10万元；政府支农资金第一次10万元，第二次49万元，其中第二次支农资金数额是最大的。该合作社是全县唯一被资助的合作社。

2. 专业大户或家庭农场带动型

专业大户或家庭农场发起人在注册专业合作社之前已经具有相关产业生产的基础经验，是农村社区最早的农牧业规模化、产业化经营带头人。只是考虑到农牧民专业合作具有更大的发展前景，转而注册发展专业合作社。所以，以专业大户带动的专业合作社往往都是以有亲属关系的人为合作社主要成员。成员人数少，成员之间出资比例较为平均，产业类型多属于种植或养殖行业，但是生产经营规模较大，生产技术较为成熟，营销渠道稳定，合作社主营业务利润率高。

案例 3-4　门源县某种植专业合作社的运营

合作社是由家庭农牧场转型过来的，发起人之前已经营家庭农牧场十余年，主要种植油菜、青稞和马铃薯。注册专业合作社之后，继续扩大经营规模，在西关村（本村）、南关村、北关村、沙沟梁村流转土地面积 4,700 亩，租期为 10 年。合作社主营青稞种植，种植品种是由青海省农林科学院研发的昆仑 14 号，茎秆为绿色，抗寒抗旱，蛋白质、淀粉含量高。合作社主要以粮食作物和饲草供应本地养殖场和甘肃武威、天水等地。合作社已开通电子商务渠道，并聘请两位大学生作为兼职技术辅导员。2018 年合作社总收入为 170 万元，纯收入为 46 万元，主营业务利润率为 23.8%。

案例 3-5　尖扎县马克唐镇某蔬菜专业合作社的运营

合作社发起人曾是当地的蔬菜种植大户，2010 年注册专业合作社，注册资金为 150 万元，注册资金的 80%由发起人出。目前固定资产总值为 800 余万元，主要经营范围是蔬菜种植及销售，种植面积 180 亩。蔬菜品种包括辣椒、韭菜、南瓜、白萝卜等，其中辣椒销量最佳。发起人注册农民专业合作社之后，在县城建立了一所蔬菜零售、批发市场，营业收入显著提升。2018 年经营收入为 160 万元，净收入为 44 万元。2012 年 8 月，发起人作为合作社理事长被海南州人民政府授予黄南州“十佳农民”称号；2017 年 10 月，被青海省农牧厅评为“新型职业农牧民典型”。

案例 3-6　尖扎县某养蜂专业合作社的运营

合作社发起人的前身是养蜂专业户，2013 年 5 月成立专业合作社，注册资金为 25 万元，成员 8 户。总资产为 243 万元，主要投资于养蜂工具、包装设备和运输设备。发起人出资比率为 50%，其余 7 户出资比例占 50%。现有蜂箱 250 多箱，蜂箱全是标准规格的，每箱蜂蜜产量在 13 斤左右，年收蜂蜜次数大概为 8~10 次，一箱收入 2,000 元左右，包括蜂蜜、蜂王浆、花粉。销售方式是无固定销售商、散卖，但产品供不应求。蜂蜜的销售价格为每斤 30 元，蜂王浆每斤 170 元，花粉每斤 35 元。2018 年总收入 120 万元，纯收入 35 万元，除提取需缴纳的公积金外，每位成员分红2 万~4 万元不等。

3. 政府推动型

政府助推农牧民专业合作社建设的主要目的，是把发展农牧民专业合作社作为转变农牧业生产经营方式，贯彻落实“一优两高”发展战略，实现“三生共赢”的重要渠道，即构建“自然生态得到改善、人民生活得到提高、经济生产得到发展”新格局。助推的主要行业是高原畜牧业，主要措施包括以政府为主导，核定草原载畜量，严禁超载放牧；推动畜牧业规模化经营，从科技、资金、技术、人才各方面支持畜种改良和生态环境建设，提高畜牧业产出效率，减轻生态环境压力；加强支农资金、扶贫资金支持力度，保障和逐步改善当地人民生活水平。具体实施过程以案例形式说明。

案例 3-7　天峻县生态畜牧业合作社建设办法

天峻县按照“划区轮牧、以草定蓄、整合资源、规模经营”的生态畜牧业发展理念组建生态畜牧业合作社 62 家，目前实际运营的已有 22 家。其主要做法包括以下四个方面：一是以草原动态监测结果为基础，科学核定载畜量，如冬、春季草场最大载畜量为 8,577 羊单位，秋季草场为 14,742 羊单位，夏季草场为 17,708 羊单位；二是划区轮牧，即把冬春季、秋季和夏季草场分别划分出不同的轮牧小区，确定每个小区的放牧天数，当实际放牧时间达到计划时间后，必须轮换到下一个小区放牧。通过三年多的改革实践，草场产草量亩均增产 15~20 公斤，植被覆盖率提高 10%，草原生态环境得到极大改善。三是加快高效养殖技术推广运用。政府财政投资 516.92 万元，在条件成熟的生态畜牧业合作社实施牦牛藏羊高效养殖技术推广项目，积极推广良种、良料、良法及综合配套技术，进一步提高牦牛、藏羊养殖效率。四是加快畜牧业人才培养。结合牧区劳动力转移培训阳光工程、绿色证书培训工程和新型职业牧民培育工程等。目前，已培训当地牧民 7,477 人次，提升了畜牧业生产技术技能。

案例 3-7　天峻县生态畜牧业合作社划区轮牧规划

草场类型	面积（亩）	载畜量（羊单位）	轮牧小区（个）	放牧天数	轮牧次数
冬、春草场	398,446	8,577	25	205	1
秋季草场	27,832	14,742	31	90	2
夏季草场	27,545	17,708	31	70	1

（二）按照合作组合的精密程度划分

农牧民专业合作社的紧密程度表达的是合作社与成员之间的合作关系的紧密度，而且，因为出资方式和成员对自身利益的关注度不一样，合作关系表现出不同的紧密程度。通过调查了解到，青海藏区农牧民专业合作社的合作方式主要有股份合作型、资金联合型和契约合作型三种。股份合作型是农牧民以其资金、资产、土地承包经营权折价入股，通过计算股份，构成成员联合所有的合作社资产，产权清晰，利益直接给予。资金联合名义上也叫入股，但其实只是保留一种成员的出资比例，作为利益分配的依据，并没有具体计算股份。契约合作是只反映合作社与成员之间的业务联系，成员并未出资。例如，合作社以保护价收购农户农产品，在合作社运行效益较好时给农户二次让利，农户因此成为合作社普通成员，合作社也以此稳定原材料供应。

调查结果显示，在上述三种类型的合作方式之中，资金联合型占55.21%，股份合作型26.04%，契约合作型占18.75%（表3-7，图3-2所示）。这表明，资金联合仍然是青海藏区农牧民专业合作社建设采用最为普遍的合作形式。因为资金使用具有灵活性，有了一定的资金便可以按照合作社发展需要购置设备、流转土地、增添牛羊数量、扩大养殖规模等。股份合作型只占多于四分之一的比例，当以土地经营权入股之后，合作社已成为入股农户的基本依靠，所以该类型成员与合作社的紧密程度最高。契约合作型占有较小比例，却代表着另一合作趋势，即一部分农牧民并不愿意将土地经营权完全交给合作社，他们还想继续保留家庭经营方式，作为自己基本生活保障的来源，但出于对专业合作社需要有较高运行效率的考虑，他们愿意将一部分经营权交由合作社打理，如农产品销售、土地托管等。这种合作方式将一部分家庭劳动力解放出来，从事第二、第三产业，增加家庭收入。

表3-7　农牧民专业合作社合作方式统计

合作方式	资金联合型	股份合作型	契约合作型	合计
数量（家）	53	25	18	96
比例（%）	55.21	26.04	18.75	100

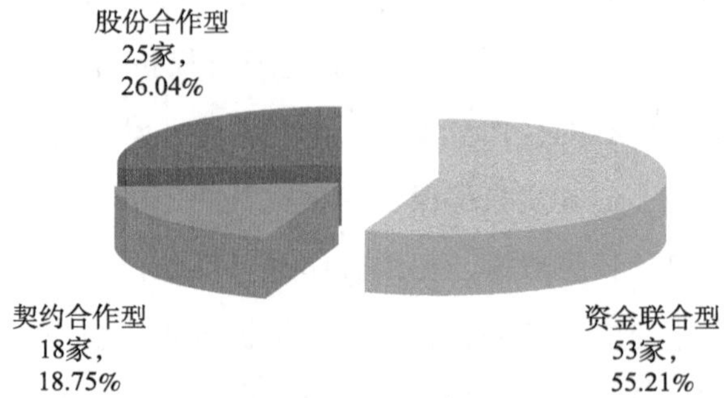

图 3-2　农牧民专业合作社合作方式结构

具备一定经营资产是农牧民专业合作社发展的基础，不同的合作方式会表现出不同的资金吸收能力，从而对合作组织后续发展产生影响。统计资料显示，被调查的 96 家样本合作社总资产为 39, 295. 62 万元，平均每家合作社占有资产为 409. 329 万元。其中，股份合作型合作社平均拥有资产数额是 850. 1482 万元，是样本合作社平均资产数的 2. 07 倍。资金联合型合作社平均拥有资产数额为 277. 0621 万元，是样本合作社平均资产数的 0. 68 倍，如图 3-3 所示。显而易见，股份制联合具有较大的融资能力，通过资金联合的合作组织数量比较多，但单个合作社吸纳资金的能力有限。就现实情况看，投资规模比较大的合作社，例如，门源县某土地联营专业合作社总资产 1, 000 万元；北山某农机服务专业合作社总资产 1, 000 万元；尖扎县某农畜产品包装加工专业合作社总资产 1, 000 万元。这些合作社实行资金入股和农机具折价入股，从事土地托管服务或产品加工包装运输服务，农机具及相关机械设备等固定资产数量多，单位价值量大。又如天峻县梅陇生态畜牧业合作社总资产为 1, 180. 34 万元，扎德勒生态畜牧业合作社总资产为 1, 202. 64 万元，贵南某生态畜牧业专业合作社总资产为 925 万元。畜牧业合作社实行牛羊折价入股，甚至一些地方的合作社不接纳现金入股，只接纳牛羊和草地。较大的资金规模支撑着合作社的高效运行，对合作社成员及非成员也有较强的吸引力。

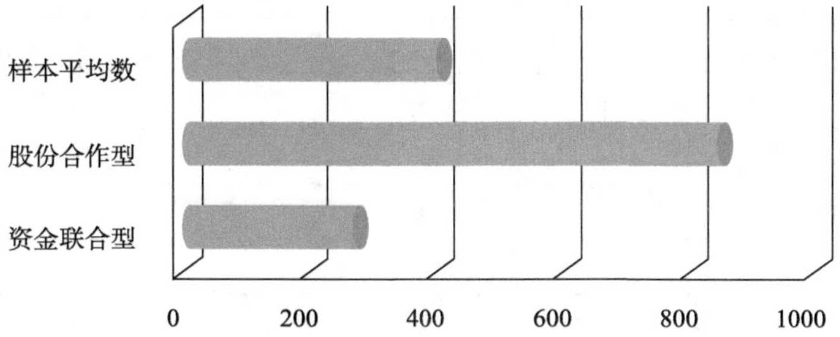

	资金联合型	股份合作型	样本平均数
■吸纳资金（万元）	277.0621	850.1482	409.329

图 3-3　农牧民专业合作社吸纳资金比较图

三、服务功能

（一）行业分布

经调查统计，见表 3-8，在青海藏区农牧民专业合作社生产经营活动的行业分布中，养殖业占 39.58%，列第一位，畜牧业占 26.04%，列第二位，种植业占 21.88%，列第三位。这三大行业分布与青海省农业产业地域分布是完全符合的。首先，随着气候和海拔高度的变化，对种植业的要求越来越严苛，畜牧业、养殖业成为该地区农业的主导产业。其次，适于种植的作物品种越来越单一，几乎都是青稞、燕麦、油菜、豌豆这几个品种。此外，在作物种植结构上，饲草料种植占有较大比例，粮食生产次之，这又与该地以养殖业、畜牧业为主体的格局相适应。在养殖业中，牛羊养殖占 31.25%，生猪养殖占 5.21%，其他如养鸡、养蜂等占 3.12%。

表 3-8　农牧民专业合作社行业分布统计

行业名称	数量（家）	比例（%）
1. 种植业	21	21.88
（1）粮食	5	5.21
（2）饲草	9	9.38

续表

行业名称	数量（家）	比例（%）
（3）果蔬	4	4.17
（4）药材	3	3.12
2. 养殖业	38	39.58
（1）牛羊	30	31.25
（2）生猪	5	5.21
（3）其他	3	3.12
3. 畜牧业	25	26.04
4. 加工业	6	6.25
5. 服务业	4	4.17
其中的农机服务业	4	4.17
6. 其他	2	2.08
合计	96	100

调查结果表明，青海藏区农牧民专业合作社的生产经营活动仍然属于传统行业的生产经营活动。主营农产品加工的合作组织寥寥无几，最多只是在发展畜牧业、养殖业的同时附加进行乳制品的生产，而且大部分都是手工作业。从事服务业的合作社比例较低，主要是从事土地托管的农机服务类农牧民专业合作社。这类农机服务合作社资产雄厚，机械化程度和运营效率高，目前虽然数量少，但是辐射半径大，带动人数多，极大地解放了农村劳动力，提高了农业生产效率，是青海藏区农牧民专业合作社发展的新生带动力量。其他服务行业发展滞后，如餐饮、文化、旅游、商务等，一方面，民族地区人口数量少，人口聚集化程度低，致使当地发展第三产业没有良好的发展前景；另一方面，民族地区基础教育和职业教育发展滞后，劳动者文化层次低，缺乏相关专业技能，以及长期形成的传统观念和游牧生产惯性，使他们很难适应工业化过程中工艺性、重复性的劳动。

需要特别说明的是，划分上述行业类型主要是为了研究便利，但在现实中，种植业、养殖业或畜牧业有时是处于兼业经营状态。比如，原来发展饲草种植的合作社相继开始了牛羊养殖，而从事养殖业的合作社也可能通过土地流转获得了一部分土地以发展饲草种植，生产的饲草一部分留作自用，剩余部分还可以向外出售。本书作出上述划分的依据主要是合作社的主营业务，看其属于哪一种行业，就划分到该行业类型之中。如不设置上述划分标准，那么，相当一部分合作社将无法被鉴别其行业类别。

（二）生产经营能力

对农牧民专业合作社生产经营能力的考察主要分为两部分：一是对生产加工能力的考察，考察合作社有没有贮藏设施、初加工和深加工设备，以及包装设备和监测设备，目的是通过现代生产工具的使用程度来考察合作社的生产能力。二是对营销能力的考察，考察合作社有没有注册商标，有没有“三品一标”鉴定证书，有没有订单销售以及电子商务业务，以此反映合作社营销水平及营销能力，调查统计结果见表3-9。

表3-9　农牧民专业合作社生产经营能力统计分析

项目及指标	数量（家）	比例（%）
1. 生产加工能力		
（1）生产机械化	96	59.37
（2）生产标准化	18	18.15
（3）贮藏设施	51	53.12
（4）初加工设备	74	77.08
（5）深加工设备	18	18.75
（6）包装设备	9	9.4
（7）检测设备	3	3.12
2. 营销能力		
（1）商标注册	21	21.87
（2）“三品一标”	5	5.21
（3）农超对接	12	12.5
（4）订单销售	15	15.62
（5）电子商务	4	4.17

在生产能力方面，完全实现机械化生产的农牧民专业合作社数量占比为59.37%。首先，种植业生产过程中的翻地、整地、除草、播种和收割五道工序的工作已全部实现机械化，养殖业和畜牧业还停留在半机械化生产状态，但专业合作社的机械化水平显著高于普通家庭经营。其次，占比53.12%的合作社有农产品贮藏设施，合作社对农产品保质保鲜以及应对市场价格波动的能力不断加强。其次，在农产品加工方面，具有初加工设备的合作社占77.08%，但是有深加工设备的合作社只占18.75%，表明大多数合作社的生产经营仍以提供初级产品为主。此外，实现标准化生产的合作社只占18.15%；具有检测设备的合作社占比仅3.12%，这说明合作社的标准化生产只是停留在产品规格化和质量分等定级方面，生产过程的标准化还远没有实现。

在营销能力方面，已注册商标的合作社占比21.87%，进行订单销售的比例为15.62%，实现农超对接的比例为12.5%，取得“三品一标”证书的比例为5.21%，通过网络销售农畜产品的比例只有4.17%。说明合作社整体营销环节发展滞后，这也是农牧民专业合作社发展中的突出问题。对于造成这种状况的原因，主观上是农牧民没有树立现代化的经营理念，缺乏市场经营意识，客观上是合作社的经营方式落后，尤其是标准化生产没有取得实质性突破，很难取得相关部门的产品质量认证。

（三）生产经营方式

围绕主营行业，青海藏区农牧民专业合作社生产经营方式主要分为三种：一是在发展种植业方面，合作社以土地联营方式形成了“合作社+农户”的经营模式，即合作社以保护价流转农户土地，年末时再根据每个农户流转的土地面积大小给予一定比例的利润返还；二是在发展养殖业方面，合作社以牛羊养殖为主营业务，兼作饲草料种植，饲草种植主要以土地流转扩大经营规模，形成“基地+合作社”的经营模式，实现饲、养、加、销一体化经营，产业化经营效果显著；三是在发展畜牧业方面，天峻县生态畜牧业合作社探索出了一套“五统一分”的生产经营模式，即分群养殖、统一配种、统一轮牧、统一育肥、统一加工。在政府部门的推介下在全省范围内推广，取得良好的建设成效。关于相应经营方式所取得经济效益状况，通过调查显示，96个样本合作社平均主营业务利润率为21.42%。其中，主营业务利润率最高的行业是牛羊自繁自育，利润率在30%左右，其次是种植业、养殖业结合行业，平均利润率为18%~22%，牛羊育肥行业平均利润率为7%~10%。牛羊育肥行业之所以利润低，主要是受制于饲料等的生产资料市场和牛羊肉产品市场，被两头影响，中间获利非常有限，实现饲、养、加一体化经营将是解决此类问题的有效途径。

青海藏区农牧民专业合作社发展起步晚，起点低，平均规模小，大部分合作社是在2010年以后成立的。在生产经营方式上，仍然保留着传统的经营模式，小而全、大而全的生产经营观念没有发生根本改变，互助合作所希冀的专业化分工、产生规模效应并没有得到充分体现。由于青海藏区地域偏远、经济发展水平低、投资环境不佳，很难吸引商业资本注入农业行业。当地龙头企业少，力量薄弱，对农牧民专业合作社带动力不强。合作社内部人才缺乏，管理理念和管理方式跟不上时代发展的要求。上述几种经营模式是通过调研总结出的较为成熟的发展模式，具体运行过程以案例形式加以介绍。

案例3-8　门源县某农牧业专业合作社

该合作社2012年注册，注册资金50万元，现有资产650万元，股东5人，普通成员235户，主营业务是燕麦、青稞饲草种植。2016年开始，合作社向大泉村、沙沟梁村等流转4,700亩土地，开展土地联营，涉及235户社员，土地入股保底价240元/亩。合作社现有饲草贮备库占地面积3,500平方米，青饲料窖藏库占地面积8,000平方米，饲料烘干设备价值120万元。销售产品共有四个品种，包括鲜草、草、烘干草、燕麦干草和燕麦青稞混合草。已注册两个产品品牌："富源青"和"青藏青"。产品已实现订单销售，销售渠道是本县养殖场和祁连县、天峻县、湟中县养殖场。2018年销售收入为280万元，纯收入为76.77万元。盈余返还按照股东和社员四六分成的原则，平均每亩土地总收入为338元，扣除240元流转费，每亩土地可以再获得98元红利。

案例3-9　贵南县某绿色种植养殖专业合作社

该合作社2011年注册，注册资金为188万元，总资产为396万元，主营业务是牦牛育肥，现有7,300头。在发展养殖业的同时，合作社还发展了7,000亩的饲草种植基地经营。种植品种为燕麦和豌豆，并将两个品种搭配形成混合饲料，营养成分高，支撑牦牛高效养殖。每年的饲草产品供应本合作社养殖，40%向外出售。饲草基地归合作社所有，但实施独立核算。

案例3-10　天峻县某生态畜牧业合作社

该合作社于2008年6月成立，注册资金为314万元，全部是牛羊草场入股，没有现金入股。全村共67户，226人全部加入了合作社，总资产达到1,127.52万元。生产经营实现采用"五统一分"的经营模式。其中，"分群养殖"是指合作社将牧户入股的所有牛羊按照畜种分开，如羊群分为公羊群、母羊群和羔羊群，选择放牧经验丰富的放牧员分别进行放牧。放牧员与合作社之间签订养殖合同。合同规定：母羊群每年产羔量应为母羊数量的80%，每超过一只按照市场价奖励，少一只则按照市场价赔偿。"统一配种"即合作社选购品质较高的母羊统一配种，防止家庭经营时混群养殖经常出现的近亲繁殖现象发生。“统一轮牧”指合作社将所属草场划分为不同的放牧单元，由合作社统一规划放牧时间、地点和放牧天数，以保障草畜平衡，提高草地资源利用率。“统一加工”体现为合作社与莫河驼厂签订了牛羊屠宰协议，统一屠宰、加工牛羊，实现牛羊肉加工的标准化生产。“统一销售”指合作社牛羊批量销售，占据较大的客源市场，尽力保证合作社及其成员的经济利益。2017 年销售收入为 317 万元，分红 200.2 万元，2018 年销售收入为 454.39 万元，分红 243.22 万元。

四、政策支持

政府部门对农牧民专业合作社的支持，除了制定相关产业促进政策以外，还有以财政资金大力帮扶农牧民专业合作社发展。尤其是 2007 年《农民专业合作社法》颁布实施后，省财政每年安排专项资金扶持农牧民专业合作社，且扶持资金逐年增加。截至目前，共支出财政资金 3.5 亿元，帮扶农牧民专业合作社 1,800 家。2006—2010 年，政府扶持合作社的资金主要用于购置办公设备、网络建设、开展合作社成员培训和“三品一标”产品认定，以及推广应用新技术、新品种，帮助合作社搭架子。从 2011 年开始，政府将扶持资金与农牧民合作社规范化建设和示范社创建相结合，扶持资金主要用于提升合作社生产经营能力，解决制约生产发展的关键节点问题，如修建保鲜库、生产加工车间和购置配送车辆、建立直销点等。这些项目的实施促进了农牧民合作社产业链延伸，提高了合作社生产经营效率。除此之外，相关政策还优先安排合作社承担扶贫建设项目、养殖小区建设项目、一村一品项目、菜篮子项目等，极大地提升了合作社的生产经营能力，对合作社可持续发展起到了积极的推动作用。

表 3-10　政府财政支持农牧民专业合作社发展项目清单

支持类型	资金使用方向	资金数额（亿元）	帮扶合作社数量（家次）
组织创建	人员培训、档案管理和网络建设	0.8	757
规范化建设	“三品一标”认定、注册商标和产品包装等	0.714	473
人才队伍建设	支持大学生村官带领农牧民合作社	0.4	200
生产能力建设	修建保鲜库、生产加工车间、购置配送车辆、建立直销点等	0.5	333
生态畜牧业合作社建设	合作社基础设施建设与科技推广	2.02	150
合计		4.434	1,913

资料来源：根据农牧业主管部门统计资料整理而来。

从表 3-10 可以看出，生态畜牧业合作社建设是青海政策资金支持的重点，帮扶资金占到了资金总量的 45.557%。这一方面是因为畜牧业是青海藏区的主导产业，畜牧地域面积大，涉及人口数量多；另一方面，将发展生态畜牧业合作社作为政策支持的重点任务，是希望以此实现青海藏区生态与经济的双赢。“一优两高”是青海经济社会发展的基本战略，其中，“一优”就是指优先保护生态协调发展，推进青海经济社会的全面发展。此外，组织创建合作社规范化建设、人才队伍建设和生产能力建设等也是当前青海藏区农牧民专业合作社发展重点，因此也成为政策支持的重点。

第四章　青海藏区农牧民专业合作社运行机制

农牧民专业合作社是一种从事经营性活动的经济系统，系统运行状况是否优良体现在其特定的制度安排和运行机制方面。作为合作社发展现状分析的延伸，本书将从合作社的资本形成机制、内部治理机制和收入分配机制视角，进一步考察青海藏区农牧民专业合作社的运行指导体系。

第一节　资本形成机制

一、筹资渠道

农牧民专业合作社从事生产经营性活动，必须要以一定的资产为基础，并以此作为对外承担有限责任的基本依据。《农民专业合作社法》提出了农民专业合作社筹措资金的四种基本渠道，即成员出资、从合作社盈余中提取公积金、国家拨给扶持资金和其他资金捐款、合作社对外举债取得资金。青海藏区农牧民专业合作社在实际运行过程当中就是以上述几种基本方式筹措资金，形成合作社发展的经营资本。

（一）成员出资是合作社积累资产最主要的形式

农牧民通过向合作社缴纳一定数额的资金以取得成员资格，参与合作社管理，并以此作为利益分配的基本依据。成员出资方式基本上为资金入股和财产折价入股（包括土地经营权）。由于资金资产价值可以换算成资金，核算方法简便，所以为大多数合作社采用。而农牧民资产折价入股涉及折价标准和股金价格的核定，因此，核算工作较为复杂。青海藏区农牧民资产主要为牛羊、草地、耕地和少部分的农机具。由于牛羊的种类、大小以及草地等级不同，因此，核算比例不尽相同，甚至不同地区也有各自不同的核算办法。海西、海北地区核算比例较高、股金价值大，海南、黄南地区核算比例较低、股金价值较小，这与各地区农牧业资源禀赋和市场环境密切相关。目前，在青海藏区农牧民专业合作社的资本形成模式中还未出现以技术、知识产权等特种生产要素入股的多元化形式。下面以典型案例介绍农牧民专业合作社资产核算办法。

案例 4-1　农牧民专业合作社牛羊折价入股核算办法

天峻县某生态畜牧业合作社牛羊折价入股办法中，牛羊折价标准为：牛犊 400 元/头，周岁牛 1,000 元/头，三岁牛 1,300 元/头，大牛 2,400 元/头；小羊羔 400 元/只，周岁羊 600 元/只，两岁以上的 800 元/只。冬春季草场 5 元/亩，秋季草场 3 元/亩，夏季草场 2 元/亩。合作社股金价格确定为每股 2,400 元，2018 年该合作组织共有股份 4,637 股，折合总资产 2,400×4,637=1,112.88（万元）。折价入股流程为确定方案、核定入股生产要素、折资入股、签订协议、填写股权证和进行司法公正。贵南县某生态畜牧业合作社牛羊折价入股标准：每股 2,000 元，周岁羊 200 元/只，三岁羊 300 元/只，四岁羊 500 元/只，合作组织共入股 3,600 只；周岁牛 800 元/头，三岁牛 1,200 元/头，大牛 2,000 元/头，共入股 805 头。核算总股份 3,250 股，折合总资产 650 万元。

（二）公积金提取是合作社资产规模增长的主渠道

农牧民专业合作社法规定：当合作社经营活动产生盈余时，可以按照不高于盈余数额 10%的比例提取公积金，具体提取比例可根据合作社章程决定，并经成员大会讨论通过。合作社公积金的用途主要是扩大生产经营规模，也可用于弥补经营损失。调研结果显示，70%以上的农牧民专业合作社都不同程度地提取公积金，用以扩大生产经营规模，提高合作社获利水平。分析研究表明，作为主体为农牧业生产的农牧民专业合作社，其生产经营能力有限，盈利水平的提高主要依靠增加经营资产的数量，比如通过增加牛羊养殖数量和土地经营面积，以提高经营总收入。结合前述关于合作社发展规模的分析，青海藏区农牧民专业合作社的平均规模为23.10户/家，成员数增长率仅为2.80%，成员收入增长为6.64%，说明合作社成员数量增长处于萧条期。但是，合作社总资产近三年的平均增长率为8.70%。那么，这样的增长率是如何实现的呢？研究结果表明，合作社公积金转投资以促进资产增长是占第一位的原因，政府扶持资金推动合作社资产增长是占第二位的原因，合作社成员再投资是占第三位的原因。不可否认，有相当一部分合作社超越了规定的公积金提取比例，尤其在合作社发展初期，一些合作社将大部分盈余转为投资，以加强后续发展能力。

加强农牧民专业合作社生产能力建设也是政府支持合作社发展的重要工作。政府财政资金主要包括支农资金、规范化建设资金、能力建设资金、农技推广示范基地建设资金，以及东部经济发达省份的援建资金等。这些财政资金拨到具体合作社，其数额等级分为8万元、9万元、10万元、12万元、48万元不等。如某县28个农牧民专业合作社，平均每个合作社享受上述财政资金支持的次数大约为2.3次，扶持力度之大是空前的。然而，通过调研发现，个别合作社对国家财政资金的使用方向发生偏移。例如，某合作社由于农牧民加入合作社积极性不高，入股牛羊数量少，合作社基本处于瘫痪状态。但在2016年得到政府48万元支农资金后，便将这些资金的大部分用于购买牛羊，并将牛羊分到各牧户，实行分户养殖。

（三）融资难已成为农牧民专业合作社发展的主要障碍

农牧民专业合作社通过银行借贷进行商业融资，不仅应该是资金筹措的主要渠道，而且以此引入市场调节机制，更有利于合作社加强成本管理，提高资金利用效率和生产经营管理水平，以适应优胜劣汰的市场经济基本法则。但是，由于农牧民专业合作社的特殊性，融资难却成为农牧民专业合作社发展的主要障碍。在调研中发现，几乎所有的合作社负责人都表示缺乏资金，而绝大部分合作社都很难得到银行贷款，能够成功取得银行贷款的合作社数量不足调查总数的十分之一。

农牧民专业合作社贷款难的主要原因是缺乏抵押物、还款能力不足、还款信誉不高等。首先，具有有效抵押物是金融机构放贷的基本条件，但农牧民专业合作社虽然总资产数量较大，但固定资产数量不足。比如牛羊、草地、作物等属于流动性资产，很难成为银行放贷的有效抵押物。相比之下，开展农机服务、土地托管服务的合作社因为具有典型的固定资产，且数额大，因此较为容易获得贷款。针对这一问题，金融机构也在积极想办法为农牧民专业合作服务，尤其是中国农业银行，他们把有效担保的条件设置为只要合作社能找到领取财政工资的国家公职人员作担保人即可，但现实当中这样的人脉资源对于农牧民专业合作组织经营者而言仍然是极其匮乏的。目前，国家政策允许用土地经营权做抵押担保，但部分合作社成员持保守态度，很难形成统一意志。产生还款能力不足的问题是由于农牧业生产具有生物性、季节性的特点，使生产经营成果极易受自然灾害影响和市场环境变化影响，导致农业收入不稳定，因此，放贷机构对合作社的还款能力持怀疑态度。关于还款信誉问题，因为个别合作社经营不规范，结构松散，效率低下，更有甚者恶意套取国家扶持资金，在社会上产生了极其不良的影响。比如，有些金融机构宁可相信合作社带头人也不愿意相信合作社。在合作社成功取得的金融贷款中，很大一部分是带头人以个人名义取得的。近年来，政府部门对农牧民专业合作社进行的示范社评选和规范化认定成了合作社发展的一种无形资产，[31]所以，能够获得各级示范社评定认可的合作社较易获得银行贷款。

二、资产规模

（一）资产规模总量统计

被调查的 96 家合作社总资产合计为 39, 295. 62 万元，平均每家合作社拥有资产 409. 33 万元，合作社成员总数为 2, 218 户，平均每个成员占有资产 17. 72 万元。见表 4-1。资产象征着财产权利，《农民专业合作社法》第五条第二款规定：“农民专业合作社对由成员出资、公积金提取、国家财政直接补助、他人捐赠以及合法取得的其他资产所形成的财产，享有占有、使用和处分的权利，并以上述财产对债务承担责任。”① 农牧民专业合作社是农牧民联合所有的合作组织，其产权制度明显不同于其他经济组织。依照相关法律，成员对合作社资产拥有完全所有权，相比之下，合作社没有完全所有权，只有支配权。合作社必须建立成员个人资产账户，将成员出资、公积金以及政府财政直接补助量化到个人账户，以明确成员对合作社的财产权利。在实际调研中，绝大部分运行规范的合作社都建立了成员个人账户，并将成员出资和公积金个人量化部分设为“基本股”，将国家政策补助按成员人数平均量化为“政策股”，实施了个人资产权利的量化管理。

表 4-1　农牧民专业合作社资产规模总量统计

合作组织成员数量	合作社数量（家）	成员数量（户）	平均每个合作组织成员数（户）
	96	2, 218	23. 10
合作组织资产规模	资产总量（万元）	平均每个合作组织资产拥有量（万元）	平均每个成员资产拥有量（万元）
	39, 295. 62	409. 33	17. 72

① 第十届全国人民代表大会常务委员会．中华人民共和国农民专业合作社法，2017 年 12 月 27 日．

（二）资产规模分级统计

为掌握各合作社资产拥有量，本书将合作社资产规模划分为不同的数量等级，计算在各数量等级上合作社分布的数量及其占比。表 4-2 显示，青海藏区农牧民专业合作社资产占有量表现为突出的偏态分布。每家合作社平均占有资产量为 409.33 万元，但占有量处于 400 万元以下的合作社数量累计达到 71.88%。调研样本的中位数合作社资产拥有量仅为 270 万元，说明大部分合作社资产拥有量在 400 万元以下。其中，100 万元~300 万元的合作社数量最多，占比达到 43.75%，这些合作社大多是由乡村能人或专业大户发起的合作社，成员数量较少，资产规模有限。资产规模超过均值的合作社数量分布较为平均，尤其是 800 万元~1000 万元的合作社占有一定比例，这些合作社基本属于生态畜牧业、土地托管型和农机服务型，这也反映了青海藏区农牧民专业合作社发展的特色和新气象。

表 4-2　农牧民专业合作社资产规模分级统计分析

资产规模分级	合作社数量（家）	所占比例（%）	累计百分比（%）
100 万元以下（含 100 万元）	11	11.46	11.46
100 万元~200 万元（含 200 万元）	22	22.92	34.38
200 万元~300 万元（含 300 万元）	20	20.83	55.21
300 万元~400 万元（含 400 万元）	16	16.67	71.88
400 万元~500 万元（含 500 万元）	1	1.04	72.92
500 万元~600 万元（含 600 万元）	6	6.25	79.17
600 万元~700 万元（含 700 万元）	6	6.25	85.42
700 万元~800 万元（含 800 万元）	3	3.13	88.54
800 万元~1,000 万元（含 1,000 万元）	7	7.29	95.83
1,000 万元以上	4	4.16	100

三、资产结构

产权决定着决策权、剩余索取权和剩余控制权。农牧民专业合作社是"民办、民所有、民管理、民受益"的互助合作组织。出于对合作社质的规定性的考察，本书对合作社第一大股东股份所占比例和理事会成员股份所占比例进行重点分析。按照一般统计规律，单个成员或少数成员的股份所占比例越高，说明合作社的股权集中度越高；股权结构中股份占有差异越大，合作社质的规定性就可能发生变异。而且，大多数学者研究认为，单个成员或少数几个成员股份所占比例在20%以内是符合合作社章程及相关政策规定的股权集中度要求的，超过20%则认为是高集中度的股权结构。据此，本书将不同数量等级的股权比例界定为五种股权集中度类型：20%以下为低集中度、20%为适宜的股权集中度、20%～40%为中高集中度、40%～60%为高集中度、60%以上为超高集中度。

被调查的合作社第一大股东股份所占比例在20%以下的，占调查总数的34.37%；20%～40%（含20%）的占22.92%；40%～60%（含40%）的占12.50%；60%～80%（含60%）的占17.71%；80%（含80%）以上的占12.5%。可以看出，第一大股东股份占比超过20%的合作社累计达到65.63%。见表4-3。计算96个调查样本合作社，第一大股东股份占比的平均值为34.71%，说明青海藏区大部分农牧民专业合作社的股权结构是中高集中度状态。在整个股份比例分布结构之中，股份比例在20%以下的合作社占34.37%，占比最高。同时，股份比例在60%以上的超高集中度合作社也占到了调查总数的30.21%。这是因为合作社第一大股东股份比例的高低既与股东的绝对出资额有关，也与合作社成员数量相关。在成员出资额一定的情况下，成员数量越少，第一大股东的股份占比越突出。如前所述，青海藏区农牧民专业合作社成员数量分布呈两极化趋势，因而在其股权集中度方面也会出现两个极端。

表 4-3　农牧民专业合作社资产结构分级统计分析

	第一大股东股份占比			理事会成员股份占比		
资本结构数量分级	组织数量（家）	占比（%）	累计占比（%）	组织数量（家）	占比（%）	累计占比（%）
大于 80%（含 80%）	12	12.50	12.50	12	12.50	12.50
60%~80%（含 60%）	17	17.71	30.21	19	19.79	32.29
40%~60%（含 40%）	12	12.50	42.71	21	21.87	54.16
20%~40%（含 20%）	22	22.92	65.63	31	32.30	86.46
20%以下	33	34.37	100.00	13	13.54	100.00

在对“理事会成员股份占比”分析时发现，理事会成员股份占比在20%以下的合作社占调查总数的 13.54%，20%~40%的占 32.30%，40%~60%的占 21.87%，60%~80%的占 19.79%，80%以上的占 12.5%。占比超过 20%的合作社比例达到 86.46%，说明绝大部分合作社股权掌握在核心成员手中，属于超高集中度类型。

第二节　内部治理机制

一、组织结构

（一）理事长基本特征

在理事长年龄特征方面，占比最高的是 40~50 岁年龄段的，占调查总数的 37.5%；其次是 50 岁以上的，占 32.29%；再次是 30~40 岁的，占 17.71%，而 30 岁以下的年轻人占比最小，仅占调查总数的 12.5%。说明青海藏区农牧民专业合作社理事长年龄偏大。在理事长文化程度方面，具有初中文化程度的比例最高，占 46.87%；其次是具有高中文化程度的，占 30.21%；占比最小的是具有小学文化程度的，占 19.79%。三项累计百分数为 96.87%，已充分表明理事长文化层次较低，以初中文化程度为主。

见表 4-4。

表 4-4　合作社理事长基本特征统计

		合作组织数量（家）	所占比例（%）	累计比例（%）
年龄	50 岁以上	31	32.29	32.29
	40~50 岁	36	37.50	69.79
	30~40 岁	17	17.71	87.50
	30 岁以下	12	12.50	100
文化程度	小学	19	19.79	19.79
	初中	45	46.87	66.66
	高中	29	30.21	96.87
	大专	3	3.13	100
	本科以上	0	0	100

农牧民专业合作社带头人应该是具有一定的企业家素质、敢于冒险并能够承担相应责任的人，是赋予资源以生产财富的人。民族地区、经济欠发达地区文化教育薄弱，再加上民族传统观念的影响，使人们对接受学习教育不够重视，所以，农牧民群众文化层次普遍较低。没有一定的文化基础，就很难接受新生事物，导致合作社管理的理念和方式方法相对滞后。

（二）组织结构及制度建设

调查资料显示，青海藏区 100%的合作社都已成立了成员大会，成员数量在 10 户以下的合作社基本不设理事会和监事会，合作社核心成员主要是理事长、监事长和会计，出资额最大的股东被选为理事长。成员数量在 10 户以上的合作社中有 87%的合作社成立了理事会和监事会，核心成员包括理事长、2 名理事长、2 名监事长、2 名监事和 1 名会计，共 7 人。成员大会的召开情况是，92%的合作社至少每年召开一次成员大会。其中，部分合作社每三个月召开一次成员大会，实行定期组织成员大会的方式，有些合作社遇到较大问题时即召集成员进行大会讨论，比如更换农作物种子、调整种植面积，以及生产资料采购、产品销售、设施维修等。据受访合作社负责人介绍，每年至少要召开六七次成员大会。在成员数较少的合作社，基本上是把成员大会职能和理事会职能综合在一起。

章程是全体成员共同遵守的行为准则，是合作社设立的必备条件。通过调查了解到，绝大多数合作社都已制定章程，而且章程都在合作社办公室显著位置张贴。但章程内容千篇一律，没有反映合作社具体的生产经营特色和运行规则。例如，部分合作社章程关于盈余分配的原则是“合作社以不低于当年盈余60%的比例进行盈余分配”。《农民专业合作社法》只是规定了合作社普遍遵循的一般原则，那么，各合作社必须对各项条款做出明确规定，否则，将会导致运行的随意性以及组织内部不团结。与此类似，33%的合作社没有制定专项管理制度，如管理人员岗位责任制度、财务管理制度、产品购销制度、产品质量管理制度等，没有把合作社章程进一步细化、落到实处。

二、决策机制

（一）决策方式

这里的决策权主要是指投票表决权，是成员对合作社重大事项进行赞成、反对或选择的权利。《农民专业合作社法》明确了实行“一人一票”的民主管理制度，这也与国际合作社联盟的经典原则相统一，体现农牧民专业合作社区别于其他经济组织的质的规定性。通过调查发现，占比56.25%的合作社遵守“一人一票”的决策原则，但也有7.29%的合作社实行“一股一票”的决策方式。除此之外，还出现了其他非制度化的决策形式，如由理事会代替成员进行决策的占25%，纯粹由理事长个人决策的占11.46%（表4-5）。农牧民专业合作社日常事务决策应在符合合作社章程规定的前提下由理事会作出。关系合作社重大事务和成员切身利益的决策必须由成员大会作出，坚持“一人一票”的原则。目前，一些合作社规模小，成员参与率不高，组织人心涣散，这与内部治理机制不健全，不能真正体现民主管理原则有一定关联。

表 4-5　农牧民专业合作社决策方式统计

决策方式	合作组织数量（家）	所占比例（%）
一人一票	54	56.25
一股一票	7	7.29
理事会决定	24	25
理事长决定	11	11.46

（二）决策效率

本书参考了徐旭初的研究成果（2009）①，即合作社决策效率高低可以用成员对合作社内部治理的满意度来衡量。成员满意度是指成员对合作社制度建设、民主管理及归属感等方面的主观评价。评价等级分为非常满意、满意、比较满意、一般、不满意、非常不满意六种。按照这种模式设计，本书将此项指标列为实地调研的内容之一，通过调查统计，计算合作社在相应等级出现的频次及比例。依成员满意度比例从高到低排序分别是“一般”的占 30.21%、“满意”的占 19.79%、“不满意”的占 15.62%、“非常满意”的占 13.54%、“比较满意”的占 11.46%、“非常不满意”的占 9.37%。从整体来看，达到“满意”层次的累计比例为 33.33%，占调查总数的三分之一；处于“不满意”层次的累计比例为 24.99%，约占调查总数的四分之一；处于“比较满意”和“一般层次”的累计比例为 41.67%，约占调查总数的五分之二。据此，可以初步判定，成员对合作组织决策效率的主观评价是“一般”。见表 4-6。

经过进一步调查，成员评价合作社决策效率的主要依据是加入合作组织后得到的收益状况好坏。如果成员收益水平明显高于本地区非成员的收入水平，就会给出“满意”或“非常满意”的回答，如果收益水平与非成员的收入水平持平，或者略高于后者，就会觉得加入合作社意义不大，即

① 徐旭初．农民专业合作社绩效评价体系及其验证［J］．农业技术经济，2009 年第 4 期：11-19.

给出“一般”或“比较满意”的评价。假如成员收益水平明显低于非成员收益水平，那么肯定会给出“不满意”或“非常不满意”的评价，甚至打算退出合作社。所以，通过成员对合作社决策效率进行评价，基本上可以反映出合作社决策效率的高低。

表 4-6　农牧民专业合作社内部治理成员满意度调查统计

等级划分	频次（次）	比例（%）	累计比例（%）
非常满意	13	13. 54	13. 54
满意	19	19. 79	33. 33
比较满意	11	11. 46	44. 79
一般	29	30. 21	75. 00
不满意	15	15. 62	90. 63
非常不满意	9	9. 37	100

三、监督机制

农牧民专业合作社监督机制就是由成员大会选举产生的监督机构依照合作社章程对理事会的经营管理行为实行内部监督，防止决策者滥用职权，损害合作社利益和成员利益，保障合作社健康有序发展。依据《农民专业合作社法》的规定，农民专业合作社的监督机构可以设置一名执行监事或成立监事会，也可以由成员大会直接行使监督职能。监督机构实行监督的主要内容包括：检查、监督合作社财务状况；对理事会及理事长等管理机构及人员的职务行为进行监督；提议召开成员大会等。为掌握青海藏区农牧民专业合作社监督机制运行情况，本书主要从合作社召开监事会议的次数、财务公开次数和成员退出能力几个方面进行调查和了解。其中，成员退出合作社是成员个体自发的监督行为，通过“用脚投票”抗衡决策者的权力行为，以保护自身利益不受侵犯。

调查结果显示（表 4-7），监事会会议召开次数“很少”的占 55. 21%，“基本不开”的占 18. 75%，两项合计为 73. 96%。这已经表明，监事工作可能流于形式。因为很少开会，所以没有工作记录，没有问题记载，监事工作欠缺制度化、程序化。其次，财务公开次数“很少”的占31.25%，“比较多”的占48.96%，“很多”的占19.79%。“比较多”和“很多”已占到调查总体的68.75%，说明绝大部分合作社已经真正落实了财务公开制度，维护了成员的知情权和监督权。同时，财务公开不仅有利于增强合作社凝聚力，也利于合作社交易人及时了解其生产经营状况，对促进合作、拓展交易渠道起到了积极的推动作用。在成员退出能力方面，调查表明，成员在退出合作社时能够“退还成员出资额及公积金量化并分享未分配盈余”的占40.62%，能够“退还成员出资额及公积金量化”的占41.67%，仅能“退还成员出资额”的占17.71%。三项内容每少一项则成员退出能力减弱一个档次[32-33]。从调查数据来看，青海藏区农牧民专业合作社成员的退出能力有限，这对于充分发挥成员潜能和持续吸引非成员加入合作社形成不利影响。因为退出能力越强，成员越会消除后顾之忧，增强对合作社发展的信心，激发工作积极性和主动性，反之亦然。

表4-7　农牧民专业合作社监督机制调查统计分析

监督形式	监督程度分级	合作组织数量（个）	所占比例（%）
监事会会议召开次数	基本不开	18	18.75
	很少	53	55.21
	比较多	25	26.04
财务公开次数	很少	30	31.25
	比较多	47	48.96
	很多	19	19.79
成员退出能力	退还成员出资额	17	17.71
	退还成员出资额及公积金量化	40	41.67
	退还社员出资额及公积金量化并分享未分配盈余	39	40.62

第三节　收入分配机制

一、收入分配方式

《农民专业合作社法》规定，可分配盈余的分配办法是，以按交易量返还为主、按股金分红为辅。两种分配方式的主辅比例可以农牧民专业合作社章程具体规定为依据进行确定，但按交易量返还的比例不能低于可分配盈余总额的60%。《农民专业合作社法》作出上述规定的主要依据是，农民专业合作社所体现的是劳动的联合，按交易量返还有利于吸引农户将农产品卖给合作社，从而使农牧民专业合作社有稳定的原材料供应，以维持其生产和发展。但是，随着市场经济发展的不断深入，农户销售农产品和购买生产资料的渠道越来越多、越来越便利。基于自愿加入合作社的原则，农牧民不一定要将农产品卖给合作社。同时，为了维持自身生存和发展，农牧民专业合作社也可以转向以满足市场需求为主要目标，不再完全向成员提供生产资料或者为成员销售农产品。在这种情况下，农牧民专业合作社与成员之间以交易量连接的关系将变得越来越松散，合作社的收入分配将出现多元化趋势。

通过实地调研发现，农牧民专业合作社收入的分配方式主要有以下几种：

一是按交易量返还，从事农畜产品营销的农牧民专业合作社以保护价从农牧民家庭收购农业原材料，可分配盈余按农户的交易量大小获得一定比例的盈余返还。

二是按股分红，完全按照出资者的出资比例或股份比例分配合作社盈余。

三是按交易量返还和按股分红相结合，即在合作社与普通成员之间按交易量返还，在股东之间按股分红。

四是按股分红和社会保障相结合，除按股分红以外，合作社还为成员统一缴纳社会保险、发放生活补助等，在收入分配方式上体现了效率与公平兼顾的原则。这种分配方式多体现在全村入股的生态牧业合作社当中。

案例 4-2　共和县某牦牛养殖专业合作社收入分配

该合作社 2015 年注册，注册资金为 98 万元，现有 44 户成员，总资产为 250.52 万元。合作社于 2016 年改制为股份合作社，将合作社经营的草场、牲畜折价入股，共入股牦牛 874 头，入股草场折价为 24.32 万元。在经营管理方式上，实行统一轮牧、统一配种、统一育肥、统一加工、统一销售、分群养殖的“五统一分”管理方式，推进了规模化生产、集约化经营。合作社成员按技能分工，经营成果按股分红。合作社主营业务是牛羊养殖及乳制品加工销售，并在恰卜恰镇设立了畜产品专卖店，专营合作社生产的酥油、酸奶、牛肉干、炒面等畜产品获得了较好的经济效果。2017 年，合作社畜产品经营总收入为 144.34 万元，除去放牧人员、管理人员工资，全年净收益为 66.6 万元，合作社成员平均分红 2.7 万元。此外，合作社还从可分配盈余中提取公益金，用于救助本村孤寡老人、残障人员和五保户。

案例 4-3　门源县某农牧业专业合作社收入分配

合作社 2012 年注册，注册资金 50 万元，现有资产 650 万元，股东 5 人，普通成员 235 户，主营业务是燕麦、青稞饲草种植。从 2016 年开始，合作社向大泉村、沙沟梁村等流转 4,700 亩土地，开展土地联营，涉及 235 户社员，土地入股保底价为 240 元/亩。合作社现有饲草贮备库 3,500 平方米，青饲料窖藏库 8,000 平方米，安装饲料烘干设备价值 120 万元。销售产品共有四个品种，包括鲜草、烘干草、燕麦干草和燕麦青稞混合草。已注册两个产品品牌：“富源青”和“青藏青”。产品已实现订单销售，销售渠道是通过本县养殖场和祁连县、天峻县、湟中县养殖场销售。2018 年销售收入为 280 万元，纯收入为 76.77 万元。盈余返还按照股东和社员四六分成的原则，平均每亩土地总收入为 338 元/亩，扣除 240 元流转费，每亩土地可以再获得 98 元红利。平均每个农户可获得二次利润返还 1,960 元。在股东分红方面，剩余红利有 30.71 万元，5 个股东按股份分红，平均每个股东红利收入为 6.142 万元。

案例 4-4　天峻县部分合作社成员收入构成

合作组织	工资性收入		盈余返还	
	工资收入（万元）	奖励（万元）	按股分红（万元）	医疗保险（万元）
生态畜牧业合作社 A	83.11	43.96	243.23	4.09
生态畜牧业合作社 B	40	27	200.7	2.3
生态畜牧业合作社 C	28	5	22	1.7
生态畜牧业合作社 D	65.6	45	99.4	—
平均数	54.18	30.24	141.33	2.70

二、收入分配结构

农牧民专业合作社以“为成员服务”为宗旨，谋求全体成员的共同利益。虽然不再追求早期合作化运动的平均主义思想，但是，成员之间的收入分配差距过大不是合作社发展的初衷。为了反映合作社收入分配差异状况，本书将合作社“核心成员”和“普通成员”情况进行对照，分别计算“成员平均收入与核心成员平均收入之比”以及“核心成员平均收入与成员平均收入的离差”，即以相对数指标和绝对数指标相结合体现两者的差异性程度。调查统计结果见表 4-8 和表 4-9。

表 4-8　农牧民专业合作社收入分配结构分析（1）

	数量分级	合作组织数量（家）	比例（%）	累计比例（%）
成员平均收入与核心成员平均收入之比	15%以下	16	16.67	16.67
	15%~25%（含 25%）	12	12.50	29.17
	25%~35%（含 35%）	20	20.83	50
	35%~45%（含 45%）	14	14.58	64.58
	45%~55%（含 55%）	13	13.54	78.12
	55%~75%（含 75%）	11	11.46	89.58
	75%以上	10	10.42	100

表 4-9　农牧民专业合作社收入分配结构分析（2）

	数量分级	合作组织数量（家）	比例（%）	累计比例（%）
核心成员平均收入与成员平均收入的离差	20 万元~35 万元（含 20 万元）	7	7.29	7.29
	10 万元~20 万元（含 10 万元）	21	21.88	29.17
	5 万元~10 万元（含 5 万元）	13	13.54	42.71
	2 万元~5 万元（含 2 万元）	21	21.88	64.59
	1 万元~2 万元（含 1 万元）	11	11.46	76.05
	0.1 万元~1 万元（含 0.1 万元）	9	9.38	85.42
	没有差距	14	14.58	100

首先，在"成员平均收入与核心成员平均收入之比"统计方面，比值最小的占比，即 15%以下的合作社占调查总数的 16.67%；占比最大，即 75%以上的合作社数量占调查总数的 10.42%；35%~45%的合作社的数量最多，该范围数量占调查总数的 20.83%。从整体合作社数量分布来看，随着成员平均收入占核心成员收入比值增加，合作社数量越来越少。其中，50%的合作社成员平均收入不及核心成员收入的 35%，占 78.12%的合作社成员收入不及核心成员收入的 55%。

其次，在"核心成员平均收入与成员平均收入的离差"计算结果上，成员平均收入与核心成员平均收入的离差超过 20 万元的合作社数量占调查总数的 7.29%，而收入"没有差距"的合作社数量占调查总数的 14.58%。合作社数量随"收入之差"变化的分布表现出一种"双峰"状态，即双峰处于收入差距10万元~20万元的占21.88%，2万元~5万元的占21.88%。具体数据可能有些偶然性，但这两种收入差距的分布数量是所有区间里最多的。这种情况的发生主要是受合作社成员数量及其经营状况的影响。10万元~20万元的巨大差异往往发生在成员数量较少，即成员数量在10人以下的合作社当中。如果合作社经营效果好，核心成员的股份占比在70%~80%，则会分配到大部分的盈余，致使成员之间的收入差距加大。相反，2万元~5万元的收入差距的情况更多发生在成员数量较多的合作社当中，即使是核心成员出资额较大，但在合作社成员数量多的情况下，大股东股份比例还是会被掩盖，如天峻县生态畜牧业合作社就出现这种情况。上述分析中所显示的收入水平只是农牧民作为合作社成员获得收入情况。农牧民专业合作社充分发挥了重新优化配置生产资源和劳动力资源的作用，合作社成员可以在合作社内部从事生产劳动，取得工资报酬，也可以出外务工，获得另一份务工收入，从而不断增加农牧民家庭实际收入。

这里需要说明的是，在收入差距等级数量分级中，出现了“没有差距”的分级层次，而且该层次数量占比较大。经过对调研资料的整理分析，发现主要是三方面的原因：一是部分合作社由于经营不善没有取得可分配盈余，所以不论是核心成员还是普通成员都没有得到盈余分配；二是一些合作社虽然取得一定数量的可分配盈余，却将其全部用于基础设施建设，所以也没有在成员之间进行分配；三是个别合作社采用平均分配的收入分配方式，虽然有出资额的差异，甚至大股东股份占比相当高，但是为了在创建初期加强合作社凝聚力，对其成员采取了让利的办法，这也是在调研中遇到的实际情况。

案例4-5　天峻县某生态畜牧业合作社收入分配

该生态畜牧业合作社位于天峻县江河镇赛尔创村，距县城40公里。2012年5月17日，该生态畜牧业合作社注册成立，注册资金为324万元，成员28户，共116人。总资产为354.836万元，总股份为2,365.575股，每股1,500元。其中包含国家支农资金补助形成的政策股，共157.332股，量化到每个成员户是5.619股/户。合作社主要以牛羊入股，入股可利用草场面积为5.46万亩，各类牲畜2,600头（只），其中藏羊2,384只，牦牛216头。牧户入股草场金额按照草场承包使用权折算标准折价计算，入股牲畜按照牲畜年龄折价计算。主要经营内容是牛羊草场放牧，经营按照“五统一分”方式进行。为维护草畜平衡，对草场的利用实行划区轮牧，第一次轮牧时间为每年的6月20日至7月15日，第二次轮牧时间为每年的9月6日至11月5日。2018年合作社经营总收入为78.29万元，纯收入为34.07万元。实行按股分红，合作社最大的股东是理事长，拥有股份量为257.29股，占合作社总股份的10.87%，是成员平均股份数量的2.61倍，获得38,593.5元股金分红。股份最少的成员拥有71.42股，分红10,713元。

案例4-6　门源县某生态畜牧业合作社收入分配

该合作社从事畜牧业生产，主要进行草场游牧，以蓄养肉牛和出售鲜活牛肉为盈利模式。但产量低，牛肉价格易受市场波动影响，往年合作社收入水平不高。后来，他们通过土地流转整合了合沙沟梁村220户924人的耕地，共3,120亩。合作社一方面种植小油菜、青稞等，以增加农作物收入；另一方面种植青饲料，从而将传统的畜牧育肥方式转变为青饲料圈养方式，年均出栏肉牛360余头。2016年，合作社总收入为238万元，净利润为40余万元，社员盈余分配比上一年平均增长2,000~3,500元。由于家庭承包地向合作社流转，原有的土地承包经营者不仅得到了土地租金，平均每亩240元，而且还增加了出外务工的时间和机会。就益农合作社实施土地流转以来，已实现剩余劳动力转移就业人数670余人，取得劳务收入564.8万元，人均收入增长8,400元。①

① 格日措．青藏地区农牧民专业合作社发展研究［J］．青藏高原论坛，2017（2）．

第五章　青海藏区农牧民专业合作社成长性评价

农牧民专业合作社成长性是合作社在其成长过程中表现出的综合特征。通过成长性评价掌握青海藏区农牧民专业合作社的成长水平情况，并据此判定合作社的成长阶段，分析成长的阶段性特征和存在的主要问题。

第一节　农牧民专业合作社成长性评价方法选择

一、农牧民专业合作社成长性评价方法的适用性分析

没有科学的评价则没有科学的决策，而评价方法的选择又是科学评价的基础。评价方法的功能主要体现在两方面：一是确定评价指标的权重。由于评价对象的综合性特征，评价方法必须将不同视角上的反映组织成长状态的指标统一起来，其关键环节就是确定各评价指标的权重。二是明确评价过程的基本步骤。因为各评价方法的原理不一样，处理综合性资料数据的思路不同，所以各评价方法具有不同的适用性和适用范围。对于农牧民专业合作社成长性评价，也应选择最为适合的评价方法进行评价。

（一）常用方法概述

通过对相关资料的梳理发现，常用于成长性评价的方法主要有以下几种。

1. 突变级数法

突变级数法是以系统突变理论为基础，结合模糊数学的基本原理而产生的评价方法。它把系统的演变解释为系统状态发生突变，而系统发生突变主要受其控制变量的影响，这个控制变量是影响系统变化的诸要素中发展最慢且起到关键性作用的变量。所以，突变级数法应用的变量只有“状态变量”和“控制变量”两种。对于一个子系统，可用某个“状态变量”来表示，在这个状态变量的基础之上继续设置影响系统状态变化的2~4个控制变量，如此形成一个独立的突变系统类型。突变级数法涉及的突变系统类型主要有三种：一是有两个控制变量的尖点突变系统；二是有三个控制变量的燕尾突变系统；三是有四个控制变量的蝴蝶突变系统。例如，在对中小企业的成长性进行评价时，其突变系统可分为“成长能力”“盈利能力”和“资金运营能力”三个子系统（用状态变量表示），在“盈利能力”之下设置“主营业务利润率”和“净资产收益率”两个具体指标，视为控制变量，那么，这种突变系统就是尖点突变系统。突变级数法的数据处理首先是利用突变系统的分叉方程导出归一化公式，利用归一化公式计算对应控制变量下的状态变量，并计算状态变量的势函数。评价原则是，对于通过归一化计算出的状态变量应采用“大中取小”的原则，而在进行不同方案的比较时，则采用“小中取大”的原则，按评价得分进行大小排序。

2. 熵值法

系统熵原本属于热力学的概念，是对系统状态无序性的一种度量。熵值越大，说明系统中做有用功的能量越小，系统越无序；反之亦然。熵的概念被引用到信息论之中称为“信息熵”，用以描述系统的确定性程度。对于要研究的某个问题，呈现出的信息量越大、熵值越大，研究对象的确定性程度越高；反之，信息量越小、熵值越小，研究对象的不确定性程度越低。采用熵值法对经济组织进行成长性评价主要是利用指标信息的效用价值。某个评价指标的实际观测值和通过其他方式得到的数据信息差别越大，熵值就越小，对评价越重要，就应该给予较高的权重。反之，如果指标数据差异性小，则应赋予较小的权重。就是基于这种思想，使用熵值法进行成长性评价时，首先应计算各指标熵值，然后再将熵值从“1”中减去，得到其差异系数，熵值越小，指标效用价值越大。最后再用该指标的差异系数除以所有指标差异系数之和，便得到熵值法计算的指标权重。

3. 主成分分析法

主成分分析法是通过系统降维的方法用少数几个新指标来代替原有的指标，以达到减少统计量和突出主要问题的目的。为了能够更全面、准确地反映事物的综合特征，往往会采用较多的评价指标，但是，指标过多不仅会增强问题的复杂性，而且，不可避免地会出现指标信息重叠的现象。主成分分析就是利用指标之间的相关性，通过原始变量的线性组合来寻找能够代表原有变量的新变量（主成分），在保留原始变量主要信息的前提下起到降维的作用。主成分分析法的基本原理是构建相关系数矩阵或协方差矩阵，通过计算各主成分方差贡献，以一定标准的方差累计度确定主成分的个数和排位。然后，以每一个主成分方差占各主成分方差之和的比例确定指标权重。

4. 德尔菲法

美国兰德公司与道格拉斯公司于 20 世纪 50 年代合作研究提出了用以征询专家意见的方法。所以，德尔菲法也称为专家调查法，主要是基于相关专家的经验、知识和个人价值判断，对评价指标体系发表征询意见，包括对指标体系构成的全面性和重复性发表意见，以及对每一个指标主观赋值。德尔菲法的最大特点是多次反馈，当各专家意见出现分歧时，需要调查者将意见综合，并将对问题的预测分别反馈给专家，各专家根据综合意见再次修改自己的意见方案。这样多次反复，直到达成较为一致的评价结果。学者们一般认为，当专家意见分歧程度在 5%～10%时[34]，该意见被认为是可以接受的一致意见，可停止调查。

5. 层次分析法

层次分析法（Analytic Hierarchy Process，AHP），又称为系统层次构造法，是 20 世纪 70 年代美国运筹学家托马斯·塞蒂（T. L. Satty）提出的。层次分析法的基本思想是把研究的问题当作一个系统看待。首先，根据系统的特点和研究目的将系统区分为各种相互联系的组成部分，形成系统结构的水平分离；然后，每一个组成部分又自成系统，称为子系统，可继续分成更小的组成要素，形成系统结构的垂直分离，如此构建起一个层次化的问题分析模型。同一层次的因素从属于上一层次对应的子系统，同时又对其所属的下一层次的因素起支配作用。通常把最上层称为目标层，最下层称为方案层或指标层，中间层称为准则层。

（二）各研究方法的优缺点比较

上述方法根据确定权重的依据的不同可以分为两大类：第一类是客观赋权法，就是根据指标的实测值，通过指标自身的作用来确定其在评价指标体系中的重要程度，包括突变级数法、熵值法和主成分分析法；第二类是主观赋权法，即根据评价人或者相关专家的主观认识判断各评价指标对评价目标的权重大小，包括德尔菲法、层次分析法。突变级数法所依据的突变理论是本书农牧民专业合作社成长研究应该坚持的理论观点，合作社的成长就是追寻系统突变、由量变到质变的演进。但是，在实证过程中，必须要有较长时期的合作社演变的实证数据。青海藏区合作社发展起步晚，大部分创建时间还不到 10 年，因此，现实条件并不支持突变级数法的应用。熵值法对于评价指标及其数据资料的收集要求很高，甚至要在信息完全的条件下才能比较出不同指标对评价目标的重要程度，否则，由于各种因素造成数据资料缺失，都会人为地降低指标的重要性。因此，从研究资料的可获得性方面考虑也不适合使用熵值法。主成分分析法是目前成长性评价中应用较多的评价方法，它和前两种方法一样是依据客观资料赋权，消除了主观赋值由于评价者认识不同而产生的偏差，而且，通过降维处理降低了统计分析的复杂性，并能使主要问题凸显出来。

本书选择使用德尔菲法和层次分析法结合的方法进行农牧民专业合作社成长性评价，评价指标的重要性程度通过征询专家意见得出，指标权重的运算，以及评价过程的逻辑步骤完全遵循层次分析的基本原理。选择此方法的理由主要有两个：第一，系统性、层次化的问题分析方法适合于农牧民专业合作社的构造特征。农牧民专业合作社是特殊的经济组织，合作社发展既要发挥经济功能，又要发挥社会功能，它既是劳动的联合，在新形势下，又必须注重资本的联合。其每一部分都是一个相对独立的子系统，结构性和协调性特点非常突出。第二，农牧民专业合作社发展的实践适合使用主观赋值法，而不适合采用客观赋值法。客观赋值法有一个潜在条件，就是合作社发展的现实状况已经反映了事物变化的基本规律，利用现实资料获得的指标权重就是一个客观标准，以此得到的评价结果才是合理的。但是，青海藏区农牧民专业合作组织发展时间不长，现实状况不一定能反映其发展的目标要求。由于“三农”问题的重要性，农牧民专业合作社发展的政策指导性较强，必须通过主观赋权法形成一个目标性评价体系，以此评价农牧民专业合作社成长状况和成长水平，才更为合理。

二、层次分析法的基本步骤

步骤一：建立层次结构分析模型。

根据研究系统的结构特征和研究问题的需要，形成系统性水平结构和垂直结构。其逻辑关系为，同一层次的因素相互关联，从属于上一层次因素，同时又对下一层次因素起支配作用。结构的最高层称为目标层，中间层称为准则层，最底层称为指标层，如图 5-1 所示。

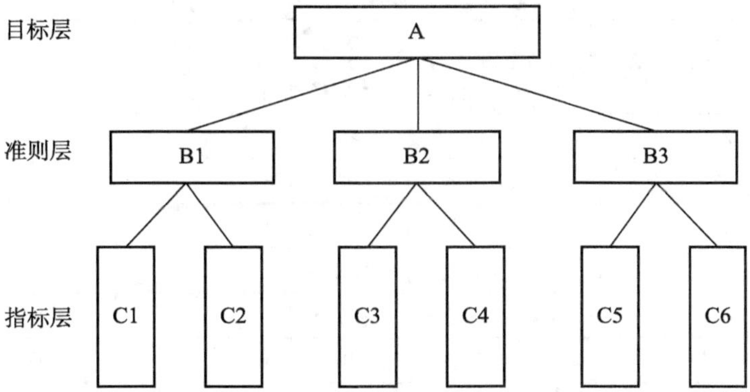

图 5-1　农牧民专业合作社成长性评价层次结构分析模型

步骤二：构造判断矩阵。

判断矩阵是使用层次分析法计算的基础，也直接影响着评价效果。构建原则是将同一层次相互关联的因素两两比较，判定其针对上一层次所属因素的重要性程度。如目标层 A 共支配着准则层 B 的 n 个要素，那么，就可形成 $n\times n$ 阶两两判断矩阵，$A-B=\{b_{ij}\}n\times n$。见表 5-1。

表 5-1　层次分析法两两比较矩阵模型

$A-B$	B_1	B_2	B_3	…	B_n
B_1	b_{11}	b_{12}	b_{13}	…	b_{1n}
B_2	b_{21}	b_{22}	b_{23}	…	b_{2n}
B_3	b_{31}	b_{32}	b_{33}	…	b_{3n}
⋮	⋮	⋮	⋮	⋮	⋮
B_n	b_{n1}	b_{n2}	b_{n3}	…	b_{nn}

赋值方法采用“9 刻度法”（见表 5-2），$b_{ij}=\{1, 3, 5, 7, 9, 1/3, 1/5, 1/7, 1/9\}$ 分别表示 b_i 和 b_j 元素比较“同样重要”“稍重要”“明显重要”“强烈重要”“极端重要”“稍不重要”“明显不重要”“强烈不重要”“极端不重要”。$b_{ij}=\{2, 4, 6, 8, 1/2, 1/4, 1/6, 1/8\}$ 是取值介于上述单数序号取值之间的赋值。如此构建的判断矩阵具有如下特点或满足这样的条件：$b_{ij}>0$，$b_{ij}=1/b_{ji}$，$b_{ii}=1$。

表 5-2　判断矩阵指标赋值“9 刻度法”含义①

序号	重要性等级	b_{ii}
1	i 元素与 j 元素同样重要	1
2	i 元素比 j 元素稍重要	3
3	i 元素比 j 元素明显重要	5
4	i 元素比 j 元素强烈重要	7
5	i 元素比 j 元素极端重要	9
6	i 元素比 j 元素稍不重要	1/3
7	i 元素比 j 元素明显不重要	1/5
8	i 元素比 j 元素强烈不重要	1/7
9	i 元素比 j 元素极端不重要	1/9

步骤三：计算指标权重。

①将判断矩阵的每一列归一化：

$$b_{ij} = \frac{b_{ij}}{\sum_{i=1}^{n} b_{ij}(i, j = 1, 2, 3, \cdots, n)} \qquad \text{公式 1}$$

②将按列归一化的判断矩阵按行求和，即得用标准化单位向量表示的要素 b_i 的权重：

$$\overline{W}_i = \sum_{i=1}^{n} b_{ij}(i = 1, 2, 3, \cdots, n) \qquad \text{公式 2}$$

③将向量$\overline{W}$按公式$\overline{W} = [\overline{W}_1, \overline{W}_2, \overline{W}_3, \cdots, \overline{W}_n]^T$归一化，即得到要素 b_i 的权重：

$$w_i = \frac{\overline{W}_i}{\sum_{1}^{n} \overline{W}_i}(i = 1, 2, 3, \cdots, n) \qquad \text{公式 3}$$

步骤四：判断矩阵一致性。

①计算判断矩阵的最大特征值：

$$B \cdot w = \lambda \cdot w \qquad \text{公式 4}$$

① 马永红．中国中小型高科技企业成长性评价及对策研究［D］．哈尔滨：哈尔滨工程大学，2006.

$$\begin{bmatrix} b_{11} & b_{12} & b_{13} & \cdots & b_{1n} \\ b_{21} & b_{22} & b_{23} & \cdots & b_{2n} \\ b_{31} & b_{32} & b_{33} & \cdots & b_{3n} \\ \vdots & \vdots & \vdots & \ddots & \vdots \\ b_{n1} & b_{n2} & b_{n3} & \cdots & b_{nn} \end{bmatrix} \cdot \begin{bmatrix} w_1 \\ w_2 \\ w_3 \\ \vdots \\ w_n \end{bmatrix} = \lambda \cdot \begin{bmatrix} w_1 \\ w_2 \\ w_3 \\ \vdots \\ w_n \end{bmatrix} \qquad 公式 5$$

$$\lambda_{max} = \frac{1}{n} \sum_{i=1}^{n} \frac{(B \cdot w)_i}{w_i} \qquad 公式 6$$

②计算随机一致性指标 CI：

$$CI = \frac{\lambda_{max} - n}{n-1} \qquad 公式 7$$

当判断矩阵具有完全一致性时，$CI=0$，因此，（$\lambda_{max}-n$）值越大，CI 则越大，矩阵的一致性就越差。为了检验判断矩阵是否具有满意的一致性，需要将 CI 与平均一致性指标 RI 相比较。见表 5-3。

表 5-3　平均随机一致性指数 *RI*

n	1	2	3	4	5	6	7	8	9
RI	0	0	0. 58	0. 90	1. 12	1. 24	1. 32	1. 41	1. 45

③计算、判断矩阵的随机一致性比例 CR：

$$CR = \frac{CI}{RI} \qquad 公式 8$$

当 $CR=0$ 时，判断矩阵 B 具有完全一致性；当 $CR<0.1$ 时，判断矩阵具有满意一致性；当 $CR \geqslant 0.1$ 时，判断矩阵具有非满意一致性。

步骤五：计算农牧民专业合作社评价值。

经过将无量纲化处理的指标数据矩阵与指标权重矩阵相乘，得到各个农牧民专业合作社的成长值，并在不同区间上表现出成长水平的优劣程度。

$$F = C \cdot \overline{w} \qquad 公式 9$$

第二节　评价指标体系构建

一、评价指标选取的基本原则

评价指标是农牧民专业合作社成长性评价的具体内容，指标体系的代表性、完整性将成为评价体系构建情况的重要环节，因此，在选取评价指标时应遵循以下原则。

（一）全面性和代表性的原则

评价指标体系应能体现农牧民专业合作社成长的各方面特征，力求避免评价的片面性以及出现指标内涵与评价目标不一致的现象。首先，通过对农牧民专业合作社成长性影响因素的理论分析，初步形成表征成长性的指标框架。其次，参考前人对相关问题的研究，对已通过研究确认的评价指标给予重点关注。再次，邀请相关专家对初步设定的指标体系进行筛选、再修改。最后，形成指标体系定稿。

（二）静态指标与动态指标相结合的原则

成长性评价不同于发展现状或发展绩效的评价，成长性评价的特点就是体现农牧民专业合作社的动态发展过程和发展趋势。因此，评价指标的设置必须要坚持静态指标和动态指标相结合的原则。通过静态指标反映农牧民专业合作社成长的现实规模和水平，通过动态指标体现合作社成长的可持续性及成长速度。例如，不仅要选择合作社的成员数，也要选择成员数量增长率，既要选择合作社总资产数量，也要选择资产增长率等。

（三）可行性和可操作性的原则

所选指标要与农牧民专业合作社发展的实际相符合，避免将预测性、计划性的指标列入评价指标体系。同时，也应考虑各指标数据的可得性，并且能在后续统计分析中被量化。

二、指标体系构建的主要思路

（一）指标设置的理论依据

本书将农牧民专业合作社定义为在农村家庭联产承包经营基础上，以农牧民为主体，自愿联合、民主管理，通过开展多种形式的生产经营活动，为成员服务、为用户服务，以实现农牧民自我发展、自我维护的互助合作经济组织。农牧民专业合作社组织成长就是合作社充分利用内外部资源，通过合理的制度安排和采用高效的生产经营方式，推进农牧民专业合作组织效率不断提升和农牧民经济状况不断改善的过程。

农牧民专业合作社是一种特殊的经济组织，首先，其特殊性主要表现在两个方面：一是有特殊的制度安排，农牧民专业合作社是农牧民联合所有、民主管理的互助性组织，因此，在资产所有权制度、决策机制、利益分配机制等方面都有别于其他经济组织；二是有特殊的发展目标，农牧民专业合作社以服务成员为宗旨，谋求全体成员的共同利益，这表明，在农牧民专业合作社的发展过程中合作社成员的利益至上。其次，经济性仍然是农牧民专业合作社的基本特征，其经济性主要表现为：一是农牧民专业合作社必须发挥资源配置的基本功能，根据资源基础论充分挖掘合作社内外的一切可用资源，以奠定其从事生产经营活动的物质基础；二是作为经营性实体，农牧民专业合作社必须加强成本控制和全面质量管理，不断以优质高效的生产效率促进合作社经济效益提升。

（二）指标体系的层次化结构设计

基于上述理解，农牧民专业合作社成长性指标体系设置首先应表现出四个方面的基本内容，包括“组织建设”“规模扩展”“效率提升”和“目标达成”。其中，“组织建设”和“目标达成”用以重点体现农牧民专业合作社成长的特殊性要求，“规模扩展”和“效率提升”用以表达合作社成长的经济性要求。两方面的结合应坚持如下逻辑关系，即合作社成长的特殊性要求必须建立在经济性要求之上，也就是说，成员收益并不能直接获得，而是通过合作社发展壮大间接获得①。同时，选择能够体现四方面内容的具体指标形成指标层。按照指标选择的基本原则和具体方法，最终确立青海藏区农牧民专业合作社成长性评价的指标体系，该体系共分为三层，目标层即“青海藏区农牧民专业合作社成长性评价”；准则层包括“组织建设”“规模扩展”“效率提升”和“目标达成”四项内容；指标层共有 18 个具体指标，见表 5-4。

表 5-4　农牧民专业合作社成长性评价指标体系

目标层 A	准则层 B	指标层 C	指标代码
青海藏区农牧民专业合作社成长性评价	组织建设 B1	核心成员股份占比（%）	C1
		核心成员平均收入（万元）	C2
		财务公开次数	C3
		社员退出能力（分）	C4
		合作组织内部治理成员满意度（分）	C5
	规模扩展 B2	成员数（户）	C6
		成员数增长率（%）	C7
		成员数占乡村总户数的比例（%）	C8
		资产总额（万元）	C9
		资产总额增长率（%）	C10
	效率提升 B3	总收入（万元）	C11
		总收入增长率（%）	C12
		可分配盈余（万元）	C13
		可分配盈余增长率（%）	C14
		主营业务利润率（%）	C15
	目标达成 B4	成员平均收入（万元）	C16
		成员收入增长率（%）	C17
		成员收入高于当地平均收入的比例（%）	C18

① 徐旭初．农民专业合作社绩效评价体系及其验证［J］．农业技术经济，2009（4）：11-19.

三、评价指标的内涵及关联性

（一）组织建设

组织建设主要体现农牧民专业合作社的内部治理机制及其运行状况，共包含 5 个具体指标，包括“核心成员股份占比”“核心成员平均收入”“财务公开次数”“成员退出能力”“合作组织内部治理成员满意度”。其中，“核心成员股份占比”和“核心成员平均收入”主要体现合作社的激励机制，一种好的制度安排应该能积极吸收优质生产要素。在现实状况下，资金缺乏是制约合作组织成长的主要障碍，因此，在合作社章程可接纳的范围内，实行差别化的产权激励和利益激励有利于促进合作社成长。对于“财务公开次数”和“成员退出能力”，前者体现合作社的制度安排，后者体现成员自发的监督行为能力，两者相互结合能较好地体现合作社监督机制的运行状况。一般情况下，财务公开次数越多，成员退出能力越强，越有利于决策者完善制度、加强管理，从而促进合作社成长。“合作组织内部治理成员满意度”是对合作社决策机制和决策效率的综合反映，不论实行什么样的决策方式，都会最终通过成员的实际感受表达出来。

指标计算方法与资料来源：“核心成员股份占比”和“核心成员平均收入”数据主要是通过查找合作社财务资料，确定核心成员的出资额和收入状况，并与合作社总资产和当年可分配盈余相比较折算出来的。“财务公开次数”通过对合作社监事长和部分成员的访谈得到，指标计算按照实际调查的次数统计。“成员退出能力”指标数据按照成员退出时是否可以退换出资额、公积金量化和未分配盈余，以只退还出资额为基础给予得分 2 分，每增加一项退还内容，分值增加 2 分，所以，退出能力三个级别的赋值分别为：2 分、4 分和 6 分，统计资料来源于对合作社成员的问卷调查。“合作组织内部治理成员满意度”指标赋值方法划分为“非常满意”

“满意”“比较满意”“一般”“不满意”“非常不满意”六个等级，然后，分别赋值 6 分、5 分、4 分、3 分、2 分、1 分，统计资料以调查问卷形式和对当地农牧业主管干部的访谈获得。

（二）规模扩展

规模扩展主要体现农牧民专业合作社由小变大的成长特征，采用两类、5 个具体指标来体现。一类是从成员数量上反映合作社成长规模，包含“成员数”“成员数量增长率”和“成员数占乡村总户数的比例”。拥有一定数量的成员是合作社成长的基础，在现实条件下，合作社资产的增长主要依赖于成员数量的增加。合作社发展的目的就是希望越来越多的农牧民群众加入合作社，通过合作社的规模化、产业化经营实现农牧业提效、农牧民增收。那么，合作社成员数占本地乡村总户数的比例就是对这一成长的集中反映。规模扩展的另一类指标是从资产数量上反映合作组织规模，包括“资产总额”和“资产总额增长率”。

指标计算方法与资料来源：“成员数”及“成员数占乡村总户数的比例”是通过实地调研、资料统计获得，“成员数增长率”和“资产总额增长率”是以近三年合作社成员数和资产总额计算的增长率。

（三）效率提升

效率提升反映合作社功能由弱变强的成长特征，主要通过几种经营效果指标来表现，包括“总收入”“总收入增长率”“可分配盈余”“可分配盈余增长率”以及“主营业务利润率”，共 5 个具体指标。其中，“总收入”和“总收入增长率”体现了合作社提供产品的市场占有情况以及开拓市场的能力。经营总收入越高，合作社获得盈利的空间将会越大。“可分配盈余”是合作社经营的最终成果，可分配盈余增长越多，越有利于合作社进一步扩大生产经营规模，它是不断改善成员收入水平的基本保障。“主营业务利润率”是对合作社生产经营能力的考察，反映合作社生产经营的成本控制水平及科技推广与应用水平。主营业务利润越高，产品的附加价值越大，市场竞争力越强，越具有较高的成长性。

指标计算方法与资料来源："总收入"和"可分配盈余"都是2018年合作社的账面记载资料，两项指标的增长率与前述增长率计算方法相同，采用近三年增长率的平均值。"主营业务利润率"是在确定每个合作社主营业务后，从总收入分离出主营业务收入，又从可分配盈余中分离出主营业务净收益后计算得出。在实地调研活动中了解到，由于合作社管理人才缺乏，会计人员大都是兼职，财务工作规范性较差，因此，对主营业务利润率的计算较为粗略。

（四）目标达成

目标达成体现的是合作社成员收入持续增长并显著高于非成员的增长趋势。具体以"成员平均收入""成员收入增长率"和"成员收入高于当地平均收入的比例"3个指标体现。这三种指标所表达的成员收入水平越高，则表明合作社成长性越好。农牧民加入合作社的根本目的就是通过合作社这种先进的农牧业产业组织形式改善自身的经济状况。如果不能提高收入水平，以及收入状况得不到持续改善，甚至合作社成员的收入与非成员相差无几，就会打击农牧民加入合作社的积极性。已加入合作社的成员可能会申请退出，从而使合作社彻底丧失成长性。

指标计算方法与资料来源："成员平均收入"及"成员收入增长率"指标数据来自各家合作社的收入分配财务记载。而"成员收入高于当地平均收入的比例"的计算则有一个较为复杂的过程。因为某个合作社的成员收入较为具体，但本地区农村居民人均可支配收入则会随着地区范围的不同而有所差异。调研确定，如果合作社所处的地域离中心城镇较近，就以全县农村居民家庭人均纯收入作为比较标准；如果地域偏僻，尤其是纯牧业区，则是以一个乡甚至一个行政村为标准进行比较。青海藏区地域跨度大，各地区经济发展环境和发展水平存在较大差异，只有依地方实际情况而定，才能获得合理可行的研究资料。指标数据主要来自对县、乡、村三级农牧业管理干部的问卷调查。

第三节　评价过程及结果分析

一、指标权重计算及一致性检验

按照层次分析法的研究步骤，本书建立起三层结构的层次结构分析模型。首先，目标层对应准则层共有 4 个指标，因此，指标两两比较可形成一个 4 阶判断矩阵；其次，准则层 4 个指标分别对应各自的具体指标，可分别形成四个判断矩阵，其中，“组织建设 B1”形成 5 阶判断矩阵、“规模扩展 B2”形成 5 阶判断矩阵、“效率提升 B3”形成 5 阶判断矩阵、“目标达成 B4”形成 3 阶判断矩阵。

判断矩阵的指标重要性赋值采用了德尔菲法，通过征询相关专家意见得出。专家组共由七人组成，其中，政府职能部门主管干部三名，省市级示范社理事长四名。

（一）目标层对准则层指标权重计算及一致性检验

通过计算（见表 5-5），目标层对准则层形成的判断矩阵随机一致性比例 $CR=0.0167<0.10$，说明判断矩阵具有满意一致性，以此计算的指标权重是可靠的。准则层四个指标的权重排序是：“效率提升”指标权重为 0.4042，对农牧民专业合作社成长性的重要性最大。之后，依次是“目标达成”指标，占 0.3455，“组织建设”指标，占 0.1755，“规模扩展”指标，占 0.048。这种重要性排序是基于青海藏区农牧民专业合作社发展的现实问题得出的，表明合作社未来发展应该把效率提升作为重点任务，而不断提高成员收入应是始终坚持的基本原则。

表 5-5　目标层对准则层 A-B 判断矩阵及一致性检验

A-B	B1	B2	B3	B4	$\bar{w}_i^b$	w_i^b	λ_{max}	CI	CR
B1	1	3	1/3	1/2	0.7021	0.1755	4.0450	0.015	0.0167
B2	1/3	1	1/5	1/4	0.2994	0.048			
B3	3	5	1	1	1.6167	0.4042			
B4	2	4	1	1	1.3818	0.3455			

（二）准则层对指标层指标权重计算及一致性检验

准则层“组织建设 B1”对指标层形成的判断矩阵一致性检验结果 $CR=0.053<0.10$，达到满意一致性标准。指标权重最大的是“合作组织内部治理成员满意度”，占 0.4215；“社员退出能力”，占 0.1872；“核心成员平均收入”，占 0.1798，“核心成员股份占比”，占 0.1325；“财务公开次数”，占 0.0790。专家组通过对评价指标重要性赋值，充分体现了农牧民专业合作社“以农民为主体”，实行“民主管理”的内部治理原则，同时也重视合作组织决策机制和激励机制的实施效果。见表 5-6。

表 5-6　准则层对指标层 B1-C 判断矩阵及一致性检验

B1-C	C1	C2	C3	C4	C5	$\bar{w}_i^c$	w_i^c	λ_{max}	CI	CR
C1	1	1/2	2	1	1/4	0.6623	0.1325	5.1179	0.0589	0.053
C2	2	1	2	1	1/3	0.8990	0.1798			
C3	1/2	1/2	1	1/3	1/4	0.3951	0.0790			
C4	1	1	3	1	1/2	0.9361	0.1872			
C5	4	3	4	2	1	2.1075	0.4215			

通过表 5-7 所示的指标计算，准则层“规模扩展 B2”对其指标层构建的判断矩阵一致性指标 $CR=0.0328<0.1$，达到满意一致性标准。指标权重按大小排序为：“资产总额增长率”占 0.4888，“资产总额”占 0.2027，“成员数增长率”占 0.1575，“成员数占乡村总户数的比例”占 0.0944，“成员数”占 0.0566。说明对于合作社规模扩展，总资产增长率作用远比成员数量和成员数增长率明显。比如，即使有一定的成员增长量，但是，

合作社的资产数量变化不大，那么合作社的经营能力也不会有显著变化。

表 5-7　准则层对指标层 B2-C 判断矩阵及一致性检验

B2-C	C6	C7	C8	C9	C10	$\bar{w}_i^c$	w_i^c	λ_{max}	CI	CR
C6	1	1/3	1/2	1/4	1/6	0.2829	0.0566	5.1473	0.0368	0.0328
C7	3	1	2	1	1/5	0.7873	0.1575			
C8	2	1/2	1	1/3	1/4	0.4720	0.0944			
C9	4	1	3	1	1/3	1.0134	0.2027			
C10	6	5	4	3	1	2.4444	0.4888			

通过表 5-8 所示的指标计算，准则层“效率提升 B3”对指标层判断矩阵的一致性指标 $CR=0.0476<0.1$，达到满意一致性标准。指标权重按大小排序为：“主营业务利润率”占 0.3966；“可分配盈余增长率”占 0.2733；“总收入增长率”占 0.1405；“可分配盈余”占 0.1181；“总收入”占 0.0715。对于提升合作社效率，总收入增长只是量的积累，真正能够把资源变为效益的是主营业务利润率的提升，而可分配盈余增长率又是主营业务利润率增长的结果。因为即使合作社到达成熟期，总收入增长有限，但当主营业务利润有所增长时，可分配盈余也会随之增加。

表 5-8　准则层对指标层 B3-C 判断矩阵及一致性检验

B3-C	C11	C12	C13	C14	C15	$\bar{w}_i^c$	w_i^c	λ_{max}	CI	CR
C11	1	1/2	1/2	1/3	1/5	0.3574	0.0715	5.2133	0.0533	0.0476
C12	2	1	2	1/4	1/3	0.7023	0.1405			
C13	2	1/2	1	1/2	1/3	0.5903	0.1181			
C14	3	4	2	1	1/2	1.3667	0.2733			
C15	5	3	3	2	1	1.9832	0.3966			

准则层“目标达成 B4”对指标层判断矩阵的一致性指标是 $CR=0.0158<0.1$，已达到满意一致性标准。指标权重计算结果是：“成员收入增长率”占 0.4429，“成员收入高于当地平均收入的比例”占 0.3873，“成员平均收入”占 0.1698。作为反映目标达成情况的同一性质的指标，成员收入增长率仍然最为重要。尤其是在合作社发展初期，成员收入水平

较低，但只要有一定的收入增长率，合作社即具有相应的成长性。而且，收入增长应以成员收入高出当地平均收入为现实目标，它是收入变化的一个重要转折点。见表 5-9。

表 5-9 目标层对准则层 B4-C 判断矩阵及一致性检验

B4-C	C16	C17	C18	$\bar{w}_i^c$	w_i^c	λ_{max}	*CI*	*CR*
C16	1	1/3	1/2	0. 5095	0. 1698	3. 0183	0. 0091	0. 0158
C17	3	1	1	1. 3286	0. 4429			
C18	2	1	1	1. 1619	0. 3873			

（三）评价指标总排序

上述目标层对准则层及准则层对指标层的权重计算只是得到了评价指标的阶段性权重。评价指标总排序是要计算所有指标直接面对目标层的权重。计算方法如前所述，即将目标层对准则层权重与相应的准则层对指标层权重相乘，即可得到各个具体指标对农牧民专业合作社成长性评价的权重大小。计算结果见表 5-10 和图 5-2，共 18 个指标的权重总排序为：

C15>C17>C18>C14>C5>C16>C12>C13>C10>C4>C2>C11>C1>C9>C3>C7>C8>C6。

表 5-10 评价指标总权重计算

A 层	B1	B2	B3	B4	总权重	总排序
B 层	0. 1755	0. 0749	0. 4041	0. 3455		
C1	0. 1325	0	0	0	0. 0232	13
C2	0. 1798	0	0	0	0. 0316	11
C3	0. 0790	0	0	0	0. 0139	15
C4	0. 1872	0	0	0	0. 0329	10
C5	0. 4215	0	0	0	0. 0740	5
C6	0	0. 0566	0	0	0. 0042	18
C7	0	0. 1575	0	0	0. 0118	16
C8	0	0. 0944	0	0	0. 0071	17
C9	0	0. 2027	0	0	0. 0152	14
C10	0	0. 4888	0	0	0. 0366	9

续表

A层	B1	B2	B3	B4	总权重	总排序
B层	0.1755	0.0749	0.4041	0.3455		
C11	0	0	0.0715	0	0.0289	12
C12	0	0	0.1405	0	0.0568	7
C13	0	0	0.1181	0	0.0477	8
C14	0	0	0.2733	0	0.1105	4
C15	0	0	0.3966	0	0.1603	1
C16	0	0	0	0.1698	0.0587	6
C17	0	0	0	0.4429	0.1530	2
C18	0	0	0	0.3873	0.1338	3

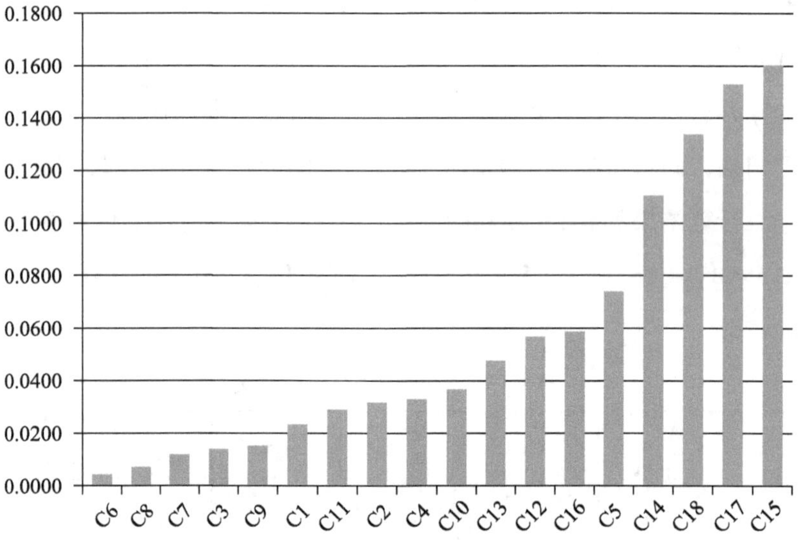

图 5-2　成长性评价指标总排序

从计算结果可以看出，评价指标排序具有明显的结构层次：

第一层次共有四个指标，包括主营业务利润率，占 0.1603；成员收入增长率，占 0.1530；成员收入高于当地平均收入的比例，占 0.1338；可分配盈余增长率，占 0.1105。这四个指标的权重之和为 0.5576，已超过一半，是评判农牧民专业合作社成长性水平高低的决定性指标。主营业务利润率越高、成员收入增长越快，说明合作社成长能力越强。成员收入高于当地收入平均数的比例是农牧民要不要继续留在合作社或者要不要加入合作社的心里考量的标准，更是合作社自身价值的客观衡量标准。成员收入高于当地平均收入的比例越高，合作社带动力越强，成长性越好。可分配盈余增长率既反映合作社经营成果的好坏，也体现着合作社收入分配原则的执行情况。

第二层次，包括合作组织内部治理成员满意度、成员平均收入、总收入增长率、可分配盈余四个指标，指标权重分别为：0. 0477、0. 0740、0. 0587、0. 0568，合计共占总权重的 23. 71%。以合作社总收入增长和成员收入提高为基础的内部治理效果，成员满意度越高，合作社凝聚力越强，合作社成长性越好。

第三层次，包括资产总额增长率、社员退出能力、核心成员平均收入、总收入等其余 10 个指标，共计占有 20. 53%的权重，是合作社生产经营活动开展的资源基础，且在内部治理的监督机制方面体现成长性水平。

农牧民专业合作社成长性评价的侧重点主要是通过使用增长率动态型指标反映合作社的成长状态、成长水平和未来趋势。如第一、第二层次当中都以动态性和其他相对指标占多数，而绩效评价则更多的是使用静态指标，反映合作社的现实成果。

虽然还未与成长指标的实际值结合计算实际评价值，但是，通过评价指标总排序，已经形成了一个成长性评价的标准体系。如果合作社没有一定的主营业务利润率和成员收入增长率，合作社即没有相应的持续成长能力。如果成员收入占当地农村居民可支配收入的比例很低，那么这样的合作社肯定没有好的成长性。资产总额增长率和可分配盈余增长率不高，说明合作社经营基础薄弱，治理制度不完善，合作社成长潜力不足。此外，农牧民专业合作社成长性评价标准体系的制定便于基本掌握合作社原则和青海藏区农牧民专业合作社发展实际情况。因此，这种评价体系已可以作为政府部门加强合作社建设和管理的依据。例如，可以作为农牧民专业合作社示范社评选的指标构成的依据，从而使政府支持合作社发展的目标更为具体化，以取得事半功倍的效果。

二、原始数据标准化及评价值计算

农牧民专业合作社成长性评价的原始资料完全来源于实地调研。调研样本数量为 96 家，占青海藏区实际运行的农牧民专业合作社数量的 10%。评价指标是成长性评价的具体内容，指标信息变化反映出合作社成长的基本特征，评价指标的描述性统计分析结果见表 5-11。

表 5-11　农牧民专业合作社成长性评价指标统计描述

指标名称	指标单位	指标代码	最大值	最小值	均值	标准差
核心成员股份占比	%	C1	98.00	6.00	44.12	23.60
核心成员平均收入	万元	C2	60.00	0.00	11.26	11.47
财务公开次数	次	C3	4	1	2.313	1.117
社员退出能力	分	C4	6	2	4.458	1.465
合作组织内部治理成员满意度	分	C5	6	1	3.385	1.618
成员数	户	C6	220	5	23.125	33.96
成员数增长率	%	C7	20.00	0.00	2.78	4.95
成员数占乡村总户数的比例	%	C8	100	2.50	17.84	25.04
资产总额	万元	C9	3000	60.00	404.12	401.25
资产总额增长率	%	C10	23.79	0.00	8.96	4.65
总收入	万元	C11	650.0	20.00	188.32	152.23
总收入增长率	%	C12	27.6	0.00	10.90	4.33
可分配盈余	万元	C13	243.22	0.00	48.00	45.99
可分配盈余增长率	%	C14	18.4	0.00	7.90	3.94
主营业务利润率	%	C15	46.67	0.00	21.32	10.82
成员平均收入	万元	C16	20.0	0.00	4.07	3.70
成员收入增长率	%	C17	16.2	0.00	6.64	3.84
成员收入高于当地平均收入的比例	%	C18	100	0.00	25.06	33.37

利用层次分析法计算合作社评价值，需要对同一层次的不同指标进行

综合运算，为消除不同指标度量单位的影响，首先采用“功效系数法”对评价指标原始数据进行无量纲化处理。计算方式如下：

$$Z_i=\frac{c_i-\min\{c_j\}}{\max\{x_j\}-\min\{x_j\}}\times 50+50,\ (1\leqslant i\leqslant 18,\ 1\leqslant j\leqslant 96)\quad 公式10$$

其中，$\max\{x_j\}$ 为样本数据的最大值，$\min\{x_j\}$ 为样本数据的最小值。

由于数据量大，原始数据及原始数据标准化结果见附录一和附录二。

由于经过“功效系数法”处理的标准化数据必然处于50~100，据此，为便于评价结果的差异性比较分析，本书将评价值划分为四个区间，分别界定为不同的成长等级，见表5-12。80（含80）以上为良好、70~80（含70）为较好、60~70（含60）为一般、50~60（含50）为较差。在原始数据标准化之后，将标准化指标值乘以相应的指标总权重值，然后求和，即可得到每个农牧民专业合作社的成长性评价值，评价值计算结果见附录三。

表5-12　农牧民专业合作社成长等级划分标准

评价值区间	80~100（含80）	70~80（含70）	60~70（含60）	50~60（含50）
成长等级	良好	较好	一般	较差

三、评价结果分析

（一）农牧民专业合作组织成长水平分析

统计结果显示（表5-13），综合评价值为80~100（含80）、处于“良好”等级的有8家农牧民专业合作社，占样本总体的8.33%；综合评价值为70~80（含70），处于“较好”等级的有30家，占31.25%；综合评价值为60~70（含60），处于“一般”等级的有38家，占39.58%；综合评价值为50~60（含50），处于“较差”等级的有20家，占20.84%。其中，处于“一般”等级以下者共计占60.42%，所有样本综合评价值均值为

67.595。因此，从整体上看，青海藏区农牧民专业合作社成长性水平属于“一般”等级。而且，样本标准差仅为 8.052，差异系数 11.91%，说明样本评价值分布稳定，该判断结果具有较高可靠性。

表 5-13　农牧民专业合作社成长水平统计分析

评价值区间	合作组织数量（家）	占比（%）
80~100（含 80）	8	8.33
70~80（含 70）	30	31.25
60~70（含 60）	38	39.58
50~60（含 50）	20	20.84
统计特征	均值	67.595
	标准差	8.052
	变异系数（%）	11.91

进一步分析表明，综合评价值处于“较好”等级的农牧民专业合作社在主营业务利润率、成员收入增长率、成员收入高于当地平均收入的比例、可分配盈余增长率等关键性指标上都取得了突出的建设成效。如门源县某土地联营专业合作社综合评价值为 89.518，合作社以青稞、油菜作物、燕麦饲草种植为主营业务，流转 6,000 多亩土地，经营规模大，拥有较为先进的生产设施设备，总资产 1,000 万元。作物种植选用科研单位新研发的优质品种，主营业务利润率为 46.67%，成员收入增长率为 12%，成员收入高出当地平均数的 100%以上。门源县某牛肉育肥专业合作社综合评价值为 89.068，合作社近三年平均每年出售 1,000 多头育肥牛，年净收入 200 多元，可分配盈余增长率 18.4%，成员收入增长率为 16.2%，超过当地平均数的 100%以上。合作社实行订单销售，产品主要发往循化县和甘肃酒泉等地。并采用正大饲料品种，育肥周期短，品质高。合作社管理人员多次参加技术和管理培训，效果良好。天峻县某生态畜牧业合作社综合评价值为 80.283，合作社所在村全村入社，经营资产 1,180.34 万元。合作社创立的“五统一分”的经营模式在全省范围内推广，合作社与下属承包单位签订劳动合同，责权分明，制度创新绩效突出。连续三年实现盈

余分红，主营业务利润率为 44.96%，属于同行业最高水平。成员平均收入 5.59 万元，超过当地平均数的 75.93%。相比之下，处于“较差”等级的合作组织一部分是将盈余全部用于合作组织基础设施建设，合作组织没有实现分红，成员当中除了在合作组织从事生产或管理工作，获取工资收入外，其他成员没有财产性收入。一部分由于经营不善，有经营收入，却没有经营利润，导致成长性评价值较低。

基于青海藏区农牧民专业合作社成长性评价结果，依据合作社自身演变规律和成长过程情况，判定青海藏区农牧民专业合作社的成长阶段仍处于创建期。创建阶段的具体特征将结合成长中的问题分析，被进一步阐述。当然，对于成长阶段的判定是就整体水平而言，例如，属于“较好”等级的合作社，其成长性水平已经进入了成长期，这些合作社经营资产雄厚，规模大，经营管理方式较为成熟，主营业务利润率高，成员收入高于当地平均水平的优势明显，但毕竟这样的合作社数量只占调查总数的 8.33%。

（二）农牧民专业合作社成长中的问题分析

从对合作社发展的现状分析与成长性评价结果可以看出，青海藏区农牧民专业合作社成长中的阶段性特征和问题主要表现在以下几个方面。

1. 内部治理机制不完善，成员满意度不高

“以个人为中心”的治理机制充分体现了农牧民专业合作社创建期的阶段性特征。调查资料显示，合作社核心成员股份占比平均为 44.12%，最大者竟达到 98%，合作社几乎成了个人独资企业。农牧民专业合作社的最大出资人必然成为合作社带头人，这已是非常普遍的现象。因此，在决策方式上，存在着由理事会代行成员大会职能，或者由理事会、理事长直接作出决策的问题。这种以个人为中心的决策机制的积极影响是提高了决策效率，但消极影响是降低了决策的公平和公正。另外，作为维护决策公正的监督机构，许多监事会成员也是以大股东身份进入了合作社核心管理

层。合作社内部治理其实成了几个大股东之间的决策与监督权力的博弈。或者，监事会和理事会成了利益共同体，全然将普通成员的权益置之度外。在这种情况下，退出机制成为普通成员唯一的抗衡方式。但调查结果显示，成员退出时能够退还出资额、公积金量化并分享未分配盈余的仅占40.62%，其余59.38%的合作社成员退出时只能兑现其中的一部分或两部分。此外，合作社管理人才缺乏，合作社带头人大多数年龄偏大，文化层次不高，占66.5%的带头人受教育程度在初中及以下，因此，提供科学决策的能力有限。内部治理机制是合作社运行的指导性制度安排，影响和制约着合作社的运行效果及成员的参与积极性。关于成员对合作社治理满意度的调查结果显示，认为治理效果“一般”“不满意”和“非常不满”的比例为49.2%。

2. 合作社规模小，成长发展的资源基础薄弱

农牧民专业合作社作为从事经营性活动的经济组织，经营资产是其最基础的生产资源。调查结果显示，青海藏区农牧民专业合作社平均资产占有量为404.12万元，而且合作社之间差异大，最大值为3,000万元，最小值为60万元，差异系数达到99.29%。进一步的统计分析显示，96个调研样本的中位数合作社资产拥有量仅为270万元。因此，大多数合作社资产占有量在100万~300万元。由中国供销合作网提供的《2018中国新型农业经营主体发展分析报告》（专业合作社部分）显示，全国合作社社均资产为1,234.13万元，那么，青海藏区农牧民专业合作社的资产规模仅为全国平均规模的32.75%。在合作社创立期，努力扩大经营规模、夯实生产经营的资源基础是其主要任务。特别是在青海藏区，大部分合作社以养殖业、畜牧业经营为主，经营资产的物质形态主要是牛羊和草地。生产资料和生产产品的同一性致使在目前的生产经营方式下，合作社只能通过增加经营资产提高经营收入。此外，农牧民专业合作社的融资渠道主要包括成员出资、盈余公积金提取和金融信贷三种。其中，成员出资是合作社资产

形成的最主要方式，但是，由于合作社成员数量少，平均每家合作社仅有23.10户，且目前成员数增长率仅为2.50%。合作社成员规模增长遇到了成长瓶颈，以成员出资形成原始股本的潜力增长受到限制。同时，可提取公积金金额也必须限定在可分配盈余10%以内。大多数合作社都试图通过金融信贷解决资金缺乏问题，但由于农牧业生产的生物性、季节性，以及生产产品流动性大、收益不稳定等特点，其很难成为金融机构的有效抵押物。因此，融资难已成为影响农牧民专业合作社发展的主要障碍。

3. 生产经营方式落后，可持续成长能力不足

青海藏区农牧民专业合作社仍然以传统大类农牧业生产经营为主，从事养殖、畜牧和种植的合作社数量占到调查样本的87.5%，一些特色小类养殖、种植占比很小。首先，由于产品的同质性，合作社之间竞争激烈。在市场容量有限的情况下，成活率的竞争成为农牧民专业合作社创建期最主要的问题。其次，在生产经营能力上，大多数合作社都以提供初级品为主，具有深加工设备的合作社数量只占18.75%，产品附加值不高。合作社实现标准化生产的占18.15%，而且只是停留在产品规格标准化方面，生产技术的标准化还没有完全实现。再次，在市场营销环节上，调查资料显示，已注册商标的合作社数量占21.87%，取得订单销售的占15.62%，实现农超对接的占12.5%。营销方式和营销手段滞后已成为效率提升的重大障碍。最后，在生产经营方式上，小而全、大而全的生产经营观念没有根本改变。互助合作所希冀的专业化分工、产生规模效应并没有得到充分体现。由于地域偏远、经济发展水平低、投资环境不佳，很难吸引商业资本注入农牧业。当地龙头企业少，力量薄弱，对农牧民专业合作社带动力不强。从整体上看，农牧民专业合作社生产经营产业链短，价值链处于微笑曲线的最中间部分，盈利空间有限。调查统计结果表明，农牧民专业合作社平均总收入为188.32万元，总收入增长率为10.9%，主营业务利润率为21.32%，说明合作社市场开拓能力有限，经营成本控制水平和盈利水

平不高。其中，主营业务利润率是保障合作社由创建期成功进入成长期的关键因素，主营业务利润较低既无法实现合作社扩大再生产，也不能满足成员收入水平不断增长的需要。合作社将阻滞于创建期，无法实现可持续成长。

4. 成员收入增长缓慢，合作社发展的目标完成度不高

农牧民专业合作社是弱者的联合，民办民受益，谋求全体成员的共同利益是合作社发展的最终目标。青海藏区农牧民专业合作社发展起步晚，生产经营方式落后，合作社整体经营效果不佳，成员收入增长慢，致使目标完成度不高。调查统计资料显示，农牧民专业合作社成员平均收入为4.07万元，增长率为6.64%，成员收入高出当地平均收入的比例为25.06%。2018年青海省农村常住居民人均可支配收入为1.0393万元，收入增长率为9.8%。[①] 虽然农村常住居民人均可支配收入的核算范围大于农牧民专业合作社，但就收入增长程度而言，农牧民专业合作社成员收入增长程度并不高。导致合作社成员收入水平低、增长缓慢的原因除了合作社经营效率不高外，合作社内部收入分配制度存在问题也是重要的原因。为反映成员之间收入分配差异性，进一步统计结果显示，占比50%的合作社普通成员收入不及核心成员的35%，近80%的合作社普通成员收入不及核心成员的一半，成员平均收入高出本地居民平均收入的合作社数量只占调查样本合作社总数的25.06%。成员收入水平不断增长不仅是合作社发展的目标，也是合作社具有凝聚力和吸引力的表现。尤其成员平均收入高出当地平均数的比例，不仅是成员用来衡量是否继续加入合作社的心理标准，更是衡量合作社自身价值高低的客观标准。

① 青海省统计局．青海省2018年国民经济和社会发展统计公报．2019年3月1日。

第六章　青海藏区农牧民专业合作社成长动力因素分析

农牧民专业合作社成长的核心问题是动力，本章基于农牧民专业合作社成长的阶段性特征，按照系统协同理论的基本观点分析合作社成长的演化过程，并运用系统动力学原理和 DEMATEL 方法分析合作社成长动力因素的作用机制，明确合作社成长的路径。

第一节　农牧民专业合作社成长的协同运动

一、系统协同理论的基本观点

农牧民专业合作社成长有一个由低级到高级、由无序到有序的变化过程。那么农牧民专业合作社作为一种结构性、功能性的经济组织，是怎样实现系统的有序变化的？

根据系统论关于协同理论的基本观点，协同作用是系统有序结构形成的内驱力。① 在自然界，无论是简单系统还是复杂系统，只要在各子系统之间、各组成要素之间存在着连接、合作、协调及同步行为，便存在着协同。② 系统在原有的平衡状态下总是自发地从有序走向无序，系统熵值增

① 白列湖．协同论与管理协同理论［J］．甘肃社会科学，2007（5）：228-230.

② 张立荣，冷向明．协同治理与我国公共危机管理模式创新——基于协同理论的视角［J］．华中师范大学学报，2008（2）：11-19.

加，做有用功的能力降低，系统呈现无序状态。但当系统的无序性触及某一临界值时，由关联性所支配的各组织要素之间的协同效应便产生了。其中，主导系统临界值变化的参量称为序参量，序参量代表着系统的“序”或状态[35]。描述系统的状态的参量可以有很多个，而变化最慢的、性质最为稳定的属于序参量，序参量的变化是系统质量的典型标志。

二、合作社协同运动过程

农牧民专业合作社成长阶段的演进是由合作社内部各组织要素之间的矛盾冲突引起的，即合作社内因。其中，主要矛盾是合作社目标与实现目标的能力之间的差异产生的矛盾。通过对农牧民专业合作社成长性评价体系的构建可知，表达农牧民专业合作社成长的系统由组织建设、规模扩展、效率提升和目标达成四个子系统构成。就系统主体而言，不外乎决策者（核心成员）和普通成员两种类型。所以，合作社内部矛盾主要体现为核心成员与普通成员之间的矛盾，是合作社目标达成与组织建设、规模扩展、效率提升之间，以及组织建设、规模扩展和效率提升相互之间的不协调引起的矛盾冲突。这里，具体表现出三种不协调的状况：一是代表组织建设的合作社制度安排可能较为合理，但是，合作社经营效率低下，导致合作社目标达成度不高；二是合作社经营效率较好，而制度安排不公正，造成目标达成度偏移；三是合作社不论是制度安排还是经营效果都维持在一个较低的成长水平，那么必然会导致目标达成度低的现象发生。

从整体上看，在青海藏区农牧民专业合作社成长过程中，成员收入水平低、增长缓慢，普通成员与核心成员之间的收入分配差距大。一方面原因是生产经营方式落后，专业化、产业化程度低，经营效果不佳。另一方面原因是，在内部治理模式上表现为以“个人为中心”，出资大的股东是既得利益者。实现合作社阶段性演进，成员收入水平，尤其是成员收入高出当地平均收入的比例是组织系统演变的序参量，代表着合作社成长的阶段性水平。如果成员收入水平对比当地平均水平没有多大优势，合作社存在的价值将会发生动摇。在此情况下，合作社的系统性目标与各组成部分之间的不协调将会导致由系统结构关联性所支配的协同运动。即为了实现合作社目标，一方面必须通过改进生产经营方式提升生产经营效率；另一方面通过制度创新提高组织建设水平。不仅如此，组织建设和效率提升之间也是相互影响、相互制约的，组织建设对效率提升具有促进或抑制作用，而效率提升对合作组织制度安排也提出新要求。此外，在合作社的演变过程中，规模扩展既可能是合作社内部治理优化的结果，也可能是生产经营效率提升的结果，属于结果性变量，不再形成独立的成长能力。农牧民专业合作社成长协同运动过程如图 6-1 所示。

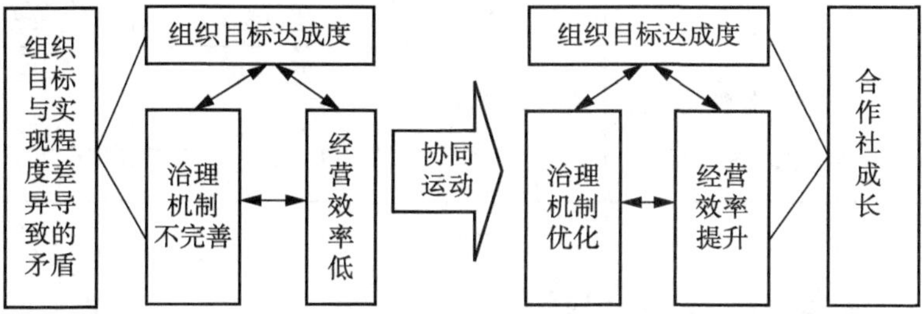

图 6-1　农牧民专业合作社成长协同运动过程示意

第二节　农牧民专业合作社成长的动力因素构成

动力因素是推动农牧民专业合作社成长的根本力量，合作社成长就是各动力因素相互作用形成的动力机制共同推进的。依据合作社演变的内因和外因逻辑，推动合作社成长的动力因素可区分为内源动力和外源动力。内源动力主要表现为“内部治理能力”和“生产经营能力”，外源动力是指“政府支持力”，并且，在每一种能力方向上对应形成各自不同的动力因素。结合农牧民专业合作社成长中的问题表现，并通过经济学理论、管理学理论分析，归纳总结出 14 种动力因素，形成农牧民专业合作社成长的动力要素体系（表 6-1）。

表 6-1　农牧民专业合作社成长的动力因素

<table>
<tr><th>目标</th><th>类别</th><th>成长能力</th><th>动力因素</th><th>指标代码</th></tr>
<tr><td rowspan="14">农牧民专业合作社成长的动力系统结构</td><td rowspan="10">内源动力</td><td rowspan="5">内部治理能力 P1</td><td>宣传教育</td><td>P11</td></tr>
<tr><td>规范化建设</td><td>P12</td></tr>
<tr><td>产权结构调整</td><td>P13</td></tr>
<tr><td>治理机制优化</td><td>P14</td></tr>
<tr><td>利益机制改进</td><td>P15</td></tr>
<tr><td rowspan="5">生产经营能力 P2</td><td>专业化生产</td><td>P21</td></tr>
<tr><td>标准化生产</td><td>P22</td></tr>
<tr><td>品牌建设</td><td>P23</td></tr>
<tr><td>新技术、新品种应用</td><td>P24</td></tr>
<tr><td>资金筹措</td><td>P25</td></tr>
<tr><td rowspan="4">外源动力</td><td rowspan="4">政府支持力 P3</td><td>法律支持</td><td>P31</td></tr>
<tr><td>财政税收</td><td>P32</td></tr>
<tr><td>金融信贷</td><td>P33</td></tr>
<tr><td>教育培训</td><td>P34</td></tr>
</table>

一、合作社成长的内源动力

（一）内部治理能力

该能力体现合作社的制度能力和管理能力。内部治理能力的提升不仅有助于提高合作社凝聚力，通过科学决策，还能推动生产经营效率的提升和组织目标的实现。内部治理能力的重点环节和主要内容应表现在宣传教育、规范化建设、产权结构调整、治理机制优化和利益机制改进五个方面。

1. 宣传教育

农牧民专业合作社不仅是一种经济组织，更是一种文化组织，发挥文化教育功能。宣传教育是从国际合作社经典原则中继承下来的关于农牧民专业合作社发展的基本功能。通过农民专业合作社法等相关政策法规的宣传，甚至开展一定形式的文化素质教育培训，对提高成员素质和强化协作精神具有潜移默化的促进作用。尤其是认知合法性，包括合作社成员的认知合法性和合作社利益相关者的认知合法性，都需要不断通过宣传教育得到进一步提升。但是，在现实中这种功能往往被忽视，合作社成员尤其是管理人员最多只是参加由政府部门举办的各种宣传培训活动，而合作社内部很少有开展针对成员的教育培训，以及社区的宣传教育活动。美国心理学家威廉·麦奎尔基于认知理论和动机理论创立了“知-信-行”（简化为K-A-B-P）理论模型。这一理论将人们的行为过程分为获取知识、产生信念、形成相应行动三个连续的动态过程。① 该理论认为，获取相关知识和信息是形成正确观念的理论基础，信念的树立则是人们采取行动的内在动力[35]。农牧民专业合作社的成长过程实际就是合作社由浅入深不断合法化的过程。组织合法性包括规制合法性、规范合法性和认知合法性。自农牧民登记成立，规制合法性问题基本解决，但规范合法性和认知合法性问题需要在成长过程中逐步得到解决。宣传教育功能是伴随合作社成长的基础性动力因素。

2. 规范化建设

农牧民专业合作社是民办、民管、民所有、民受益的互助合作组织。《农民专业合作社法》规定了“成员以农民为主体”“谋求全体成员的共同利益”“成员地位平等，实行民主管理”等五项基本原则，这是合作社基本价值观念的体现。具有符合《农民专业合作社法》规定的合作社章程是合作社登记设立的主要条件。对章程进一步细化形成的合作社制度安排包括决策机制、监督机制、利益分配制度等，是合作社运行、管理遵循的基本制度。同时，由于农牧民专业合作社的制度优越性，农牧民专业合作社成为承接国家涉农建设项目和财政税收支持的主要载体。农牧民专业合作社的规范化发展对构建新型农业经营体系、维护广大农牧民合法权益具有重要意义。但是，在现实发展过程中的确存在着重生产建设、轻制度建设的行为，经营管理活动随意性很大。农牧民专业合作社的规范合法性问

① 周亮．湘潭市民绿色消费研究［D］．长沙：湖南师范大学，2012.

题没有得到很好解决，在合理合法的制度指导下的有序发展效果不佳。形式和内容是揭示事物性质的两个有机组成部分，尤其形式是把内容诸要素统一起来的表达方式，离开形式的内容不能存在。① 加强规范化建设是提升农牧民专业合作组织内部治理能力的必备内容。

3. 产权结构调整

产权是经济所有制关系的法律表现形式，包括产权主体对财产的所有、占有、使用、收益和处分的权利。具有明晰的产权关系是一切经济组织得以正常运行的基础。产权的主要功能包括资源配置功能、利益分配功能、激励功能和约束功能。本书研究结果显示，农牧民专业合作社产权的资源配置功能发挥并不充分，合作社平均资产规模小，资产种类单一，特殊生产要素资源如技术、管理等知识性资产没有进入合作社资源配置范围之中。产权集中度过高，大部分产权主要集中在少数大股东手中，多数成员只拥有较小比例产权。产权的利益分配功能发挥得较为充分，合作社成员的利益分配完全体现了收益比例与产权比例相对应的关系。但是，也因此出现了出资大股东与普通成员收入分配差距拉大的局面。最有生命力的企业制度是最能吸引关键性生产要素所有者的企业制度。②③ 由此，现有的产权激励与合作社成长目标之间形成了一种悖论。那么，在目前合作社资金缺乏的情况下，如何调整产权结构，既不影响大股东投资积极性，又能实现合作社整体资产规模不断增加，从而降低产权集中度，是合作社治理能力的重要体现。

4. 治理机制优化

农牧民专业合作社治理是以公司治理理论为基础，研究经济组织在所

---

① 李秀林，王于，李淮春．辩证唯物主义和历史唯物主义原理［M］．北京：中国人民大学出版社，1991.

② 邵科，徐旭初．成员异质性对农民专业合作社治理结构的影响——基于浙江省 88 家合作社的分析［J］．西北农林科技大学学报：社会科学版，2008（2）：2-9.

③ 杨瑞龙，杨其静．专用性、专有性与企业制度［J］．经济研究，2001（3）：3-11.

有权和经营权分离情况下的代理问题。治理机制就是通过建立一套权利相互制衡的制度安排，防止经营者对所有者以利益进行背叛，以达到保护所有者的目的。[①] 青海藏区农牧民专业合作社规模小，大部分都没有聘任专职经理。合作社经营管理是由理事会承担，理事长充当经理。从表面看，似乎在农牧民专业合作社中不存在代理问题，但其实仍然隐藏着一种委托人和代理人之间的关系。即合作社全体成员是委托人，理事会成为代理人。合作社治理机制可区分为决策机制、监督机制、激励机制。完善的合作社治理即维护成员合作、促进合作社发展及保障成员利益不受侵害。但在合作社创建期，普遍存在着“以个人为中心”的决策、决议模式。理事会代行成员大会职责，理事长在日常决策中个人独断，完全忽略理事会集体决策的职能作用。合作社行使监督职能大多流于形式，没有发挥出应有的监督作用。其他成员往往抱着无奈和漠视的态度，听之任之，任其行动。按出资多少选任合作社理事长，将决策权和剩余控制权结合使用，这样的方式使得生产经营收入与成本安排出现偏差，对全体成员利益造成不利影响。因此，治理机制优化是提高合作社治理能力的主要动力因素。

5. 利益机制改进

公平分配是增强农牧民专业合作社凝聚力和吸引力，促进合作社不断扩大经营规模，实现可持续成长的基本要求。为体现劳动联合的主要特征，《农民专业合作社法》提出以成员惠顾额返还可分配盈余为主、按出资额分配为辅的分配原则。但农牧民专业合作社发展实践表明，绝大部分合作社采用了按出资额分配或按股份分红的分配方式，只有少数合作社延续了按惠顾额返回可分配盈余或者将两种方式相结合的分配方式。其实，以何种分配方式分配合作社盈余，完全是由合作方式决定的。以劳动联合的合作社，由于成员通过合作社销售农产品或购买生产资料，利益分配原则自然实行按惠顾返还方式。但以资本联合的合作社，因为从事生产经营

---

① 冯飞．西部地区农民专业合作经济组织发展研究［D］．杨凌：西北农林科技大学，2007.

所需的生产资料和生产的最终产品完全面对市场，合作社和成员之间没有惠顾额，所以分配经营成果采用按股分红的方式。实施混合型合作方式的合作社，采用两种分配方式相结合的方式分配可分配盈余。随着市场经济发展和农业市场化程度的不断加深，农牧民选购生产资料和销售农畜产品的渠道越来越广阔，操作越来越便利，合作社并非其唯一选择。那么，在新形势下，农牧民专业合作社实际上成为以资本联合为基础，从事商品（劳务）生产的经营实体。按照市场经济规律，农牧民专业合作社发展的实践是符合逻辑的。但是，以资本联合为基础的合作社运行却表现出两方面主要问题：一是联合方式和分配原则偏离了合作社建设的初衷，损害了社会对合作社的认可；二是实行按股分红导致大股东和普通成员之间的收入分配差距越来越大，从而降低了合作社凝聚力和吸引力，合作社发展前景受到限制。那么，如何在“做蛋糕”和“分蛋糕”之间作出合理选择，在不损害大股东利益的情况下，怎样使全体成员利益分配逐步改善，即合作社利益的帕累托改进也将成为促进合作社成长的动力因素。

（二）生产经营能力

生产经营能力体现合作社的生产力水平。生产经营能力的提升预示着合作社生产的产品市场占有率会越来越大，经营成果会越来越丰富，实现组织目标的基础越发牢固。推动农牧民专业合作社生产经营能力提升的主要动力要素包括专业化生产，标准化生产，品牌建设，新技术、新品种应用和资金筹措五个方面。

1. 专业化生产

相关研究表明，激发农牧民互助联合的主要因素产生作用，并非只是考虑以家庭为单位的农牧业生产规模小且分布分散，不占据市场谈判地位，交易成本高等。实施专业化生产所产生的合作利益才是促进互助合作的真实动力。两者从表面看似乎是一回事，其实是客观存在的事实。前者是以问题为导向，后者是以目标为导向。青海藏区农牧民合作社发展的实践也进一步证明了这一点。如前所述，农牧民购买生产资料、销售农畜产品的市场渠道越来越广阔，农牧民专业合作社已并非其唯一的选择。调查资料显示，青海藏区农牧民专业合作社的平均成员数只占乡村总户数的23.10%。那么，为什么大部分农牧民群众不选择互助合作？主要原因就是实施合作的规模效应并没有充分显示出来，通过互助合作降低生产成本的优势不明显，生产销售产品的价格并不比家庭经营者高。换言之，农牧民市场经济地位并没有因为加入合作社得到多大改善。农业生产专业化是指专门从事农业领域某一种或几种生产经营活动，其生产经营效率比其他非专业生产者的高[37]。实施专业化生产有利于提高劳动者的技术熟练程度和设备使用效率，培养专门技术活动能力，从而提供产出效率，降低产品成本。因此，生产专业化是形成农牧民专业合作社生产经营能力、推动合作社成长的主要动力。

2. 标准化生产

生产标准化的产生是由于人们对产品质量安全的广泛关注。在现代消费需求主导经济发展的市场环境里，生产者采用规范化、标准化的治理模式已是必然。农牧民专业合作社是规模化从事农牧业生产和产品供给的新型农业经营主体，实施标准化生产是合作社成长发展的必经之路。“标准化”是指对实际的或潜在的问题制定共同的和可重复使用的规则，以在一定范围内获得最佳秩序。① 农业生产标准化就是在农业经济、技术、科学及管理等社会实践中，对重复性事物和概念通过制订、发布标准和实施获得最佳秩序和最佳效益。② 从基本定义可以看出，农业生产标准化既是一种工作规范，也是生产经营主体的效益目标。实施标准化有助于规范生产者行为，明确工作责任，保证工作质量，实现农畜产品生产的全过程质量管理。同时，标准本身也是技术的体现，以标准为导向，不仅能简化生产

① 中国标准化与信息分类编码研究所．GB/T 3935.1-1996 标准化和有关领域的通用术语［S］．北京：中国标准出版社，1996.

② 高国盛．农业标准化研究综述［J］．广东农业科学，2009（6）：264-267.

工作程序，而且通过标准的使用，能不断提高合作社的生产技术水平和生产效率。此外，生产标准化有利于实现产品优质优价，满足多样化的消费需求，增加合作社收入。青海藏区大部分合作社还未实现标准化生产，少数实施标准化生产的合作社只是停留在产品包装和分等定级方面，真正的生产技术标准、质量检测标准还没有完全执行，“三品一标”认证比率低。生产标准化是保障产品高质量，提高市场竞争力的主要途径，是问题导向和利益导向相结合的农牧民专业合作社成长发展模式。

3. 品牌建设

农牧民专业合作社是合作化和市场化的有机结合[38]。随着市场竞争的日趋激烈，产品竞争已由产品价格的竞争、产品质量的竞争逐步上升到以质量为基础的产品品牌形象的竞争。品牌是识别某个合作社所提供的产品或服务，以区别于其他竞争者的品牌名、品牌标志及其设计的综合体。品牌的意义在于向消费者传达合作社的产品形象，以获得消费者的认可。其作用主要体现在：合作社能与消费者之间形成稳定的交易关系，品牌成为合作社信誉的保证、文化的凝结和个性的体现，① 促使消费者形成较为强烈的消费偏好。从一般经济学的理论解释看，具有明显消费偏好的消费者可以在相同的产品价格下，选择更多的偏好产品，或者面对相同的需求量时愿意支付较高的产品价格。通过实地调查了解到，青海藏区已注册商标的合作组织数只占 21.87%，大多数合作社没有实施品牌战略的意识，只停留在随机性产品销售状态。合作社与消费者之间并未建立起稳定的交易关系，合作社产品难卖的问题依然存在。产品销售绝大部分局限于青海省内，市场开拓能力不强，消费者认知度及认可度不高。已注册商标的合作社没有更进一步的品牌营销策略，品牌的盈利功能没有得到充分发挥。在新形势下，合作社已无法停留在只为成员提供福利的“温暖小屋”的定位

① 孔祥智，史冰清．当前农民专业合作社品牌建设的现状、问题与对策研究［G］//中国科学技术协会学会学术部会议论文集．重庆：自主创新与持续增长第十一届中国科协年会，2009（9）：2781-2789.

上，面对市场竞争，必须通过品牌建设提高市场竞争力，求得合作社生存和可持续发展。

4. 新技术、新品种应用

科学技术是第一生产力，农牧民专业合作社使用现代技术装备和先进生产工艺方法从事产品生产加工，有助于降低产品成本、提高劳动效率和产品质量。采用科技研发的新成果进行种植养殖生产，有利于提高产品附加值和市场竞争力。青海藏区农牧民专业合作社成长性评价结果显示，凡是采用科研新配方的饲料的养殖合作社，其净收益高出其他养殖合作社的两倍多；采用科技研发的新品种进行作物种植的合作社，其收入水平也明显高于其他合作社。但是，也有相当一部分合作社仍然严守传统的生产方式和生产技术，成本收益率不高，产品价值处于微笑曲线的中间环节。为了合作社生存和发展，合作社生产经营者应站在组织发展的战略高度，基于产业链和价值链相结合的视角，注重产前、产中和产后的科技投入和科技服务活动。要将技术进一步内化为农牧民专业合作社成长的内在动力，形成以技术创新驱动合作社发展的新模式。

5. 资金筹措

在农牧民专业合作社成长的创建时期，资金仍然是合作社发展的最稀缺资源。由于资金要素的灵活性特点，资金来源充足有利于合作社扩展生产经营规模，加强基础设施建设，以强化盈利基础。所以，资金筹措能力是合作社最基本的生产经营能力。资金筹措主要分为权益性融资和信贷融资两类。由于合作社成员数量少，成员数增长率不高，通过扩大成员规模筹措资金，暂时存在观念性和制度性约束的问题。那么，合作社经营者如何进行制度创新，突破体制、机制障碍，开拓融资渠道，将成为检验其生产经营能力的重要指标。另外，信贷融资本来是最符合市场经济法则的资金融通方式。农牧民专业合作社通过金融信贷机构获得发展资金，市场利用利息、利率杠杆对合作社的成本控制和经营发挥有力的调节作用。那么，合作社作为市场经营主体，遵从优胜劣汰法则是完全符合市场经济规律的。但是，如前所述，由于农牧业生产的特殊性，农牧民专业合作社有效抵押物不足，还款信誉度不高，导致大部分合作社贷款申请被劝解于银行信贷机构之外。因此，在农牧民专业合作社持续成长过程中，有效化解融资困难、变阻力为动力，将成为检验合作社生产经营能力的主要标准。

二、合作社成长的外源动力

基于农牧业生产的特殊性和农牧民专业合作社成长的特殊阶段特征，政府支持成为合作社持续成长的重要动力来源。

（一）政府支持合作社发展的理论依据

1. 农牧业生产的公共产品特性

随着我国工业化进程不断加快，农业在国民经济中的比重不断下降，这是符合工业化发展规律的。但是，农业占据国民经济基础性地位始终没有改变，农业在保障国家粮食生产安全、促进农村经济发展、保持农民收入不断增长等方面发挥着不可替代的重要作用。改革开放四十多年来，我国农村经济发生了翻天覆地的变化，农牧业提效、农牧民收入不断增长。然而，现有的发展离现代农业建设目标仍然有很大差距，尤其是民族落后地区的发展水平远低于全国平均水平，城乡收入分配差距大，农牧民收入增长缓慢。因此，“三农问题”和民族地区经济发展一直是党和政府关注的焦点。由于农业本身的周期长、技术转换效率低以及公共产品特性，农业发展单纯依靠市场机制配置资源，会表现出市场失灵的问题。继家庭承包经营制之后，农牧民专业合作社成为农牧业产业持续发展的新的组织形式，成为政府支持农业发展的制度选择。农牧民专业合作社是我国建设现代农业产业经营体系、培育新型农业经营主体的主导力量。合作社发展的实践表明，政府支持合作社发展取得良好成效，政府支持是农牧民专业合作社持续成长中不可或缺的重要力量。

2. 农牧民专业合作社发展的弱质性

青海藏区农牧民专业合作社发展仍处于初创时期，资金匮乏，合作组织规模小，运行机制不完善，经营效率低下，合作社发展带动农牧民增收的目标达成度不高。农牧民专业合作社是弱者的联合，它的弱质性集中体现在其成长初期。此外，农牧民专业合作社又是一种特殊的经济组织，肩负着提高效率和维护公平的双重责任。虽然，学术上有各种不同的研究观点，有的认为合作社是低效率的经济组织，政府扶持合作社发展是违反市场经济法则的，降低了合作社的生存能力，等等。但是，实践证明，各国在对待合作社发展问题上仍然采用了非平衡发展战略，重点是在合作社成长初期采取大力扶持的态度：通过制定相关法律积极保护农牧民专业合作社的合法权益；在政策上，实行财政资助、税收优惠、放宽市场准入条件等，以强化建设基础和提高生产经营能力等。

3. 农牧民专业合作社发展有利于提高市场效率

由于我国农产品生产的商品化程度不高，产业化进程不完全、不彻底，农产品市场结构仍是买方垄断。大量的以家庭为单位的农产品销售者分布小而分散，导致直接面对数量少而规模较大的原材料采购商或农产品加工企业时，真正的议价权完全掌握在工商资本手中。广大农牧民缺乏市场谈判话语权，无法获得符合意愿的农产品交易价格。垄断将导致市场效率的损失，农牧民得不到合理补偿，农业生产资源配置效率低下导致农业基础设施建设薄弱，发展能力不足等问题，严重制约广大农牧民从事农牧业生产的积极性。农牧民专业合作社通过互助联合形成规模化的农产品生产和供应，在一定程度提升了农牧民议价能力，并逐步改善已经形成的垄断市场格局，从而对提升市场配置资源的能力和效率发挥积极影响。

（二）政府支持农牧民专业合作社发展的主要途径

1. 法律支持

《农民专业合作社法》规定，国家保护农民专业合作社及其成员的合法权益，保障农民专业合作社享有与其他市场主体平等的法律地位。国家通过税收优惠、财政金融支持和科技、人才扶持等措施促进农牧民专业合作社的发展。国家关于农业和农村经济建设的项目，可以委托发展状况较好的合作组织实施。中央和地方财政应当以资金支持合作社开展信息、培训、农业生产基础设施建设和技术推广、市场营销等服务[39]，并对民族地区、贫困地区给予优先扶助。政策性金融机构应当为农牧民专业合作社提供多渠道的资金支持。农牧民专业合作社享受与国家规定的涉农经济活动相应的税收优惠。农民专业合作社从事农产品初加工，用电执行农业生产用电价格标注，生产性配套辅助设施用地按农用地管理等规定。①

2. 政策扶持

青海省人民政府办公厅《关于促进农牧民专业合作社发展的意见》，将政策扶持农牧民专业合作组织发展的对策具体分为五个方面：一是加大财政资金扶持力度。整合中央和地方财政支持资金，通盘使用，提高资金使用率；青海省政府设立农牧民专业合作社专项扶持资金，并保障其增长率不低于全省支农资金增长比例；财政支持重点主要是新技术、新品种研发推广及农牧民技术培训等。对于获得“省级或国家级示范社”的农牧民专业合作社，以及合作社品牌被评为省级以上品牌的分别给予 10 万元和 5 万元奖励。② 二是全面落实各项税费优惠政策。农牧民专业合作社的种植养殖场、农畜产品生产基地和设施农牧业用地等符合土地利用总体规划的，按农牧业用地管理；农牧民专业合作社从事养殖、种植生产用电执行农业生产电价标准；农牧民专业合作社运输鲜活农畜产品，交通运输部门要优先发放“绿色通道”通行证。三是加大项目支持力度。农牧民专业合作社的科技推广项目、农产品基地建设项目、农业开发项目优先纳入政府

---

① 第十二届全国人民代表大会常务委员会．中华人民共和国农民专业合作社法，2018 年 7 月 1 日．

② 青海省人民政府办公厅．关于促进农牧民专业合作社发展的意见（青政办［2009］105 号），2009 年 6 月．

科技开发和农业开发项目计划，给予重点扶持。四是加大金融支持力度。积极开展农牧民专业合作社信用评定工作，扩大融资渠道和成员融资的担保范围，提高融资效率[40]。

第三节 动力因素的作用机制分析

农牧民专业合作社成长动力机制是各动力因素之间的相互联系、相互作用，形成动力支持体系，共同推进合作组织成长。在农牧民专业合作社不同成长阶段，动力因素的价值及其作用的方式会发生变化，运用定量分析方法具体考察动力因素之间的相互关系，对于确定关键性影响因素、合理规划成长路径具有重要意义。

一、DEMATEL 方法的基本原理

DEMATEL 方法，全称为“决策试验与评价实验法”（Decision Making Trial and Evaluation Laboratory），是指对系统结构进行模型化分析的方法。其主要针对系统要素之间的关系模糊和不确定问题，明确影响系统变动的关键性因素之间的关系链条。DEMATEL 方法运用图论和矩阵工具，通过分析系统中各要素之间是否存在影响与被影响的关系及影响程度大小，来判断要素之间关系的有无及其强弱程度。

运用 DEMATEL 方法分析合作社动力机制系统，主要包括以下几个步骤。

步骤一：建立动力因素直接影响矩阵。

首先，形成直接影响矩阵。针对农牧民专业合作社成长动力系统结构模型，从第一个动力因素开始，在其所在行逐一与其他动力因素比较，回答有没有直接影响关系并对影响程度赋值。本书采用四刻度赋值法：没有直接影响计 0 分；直接影响不显著计 1 分；直接影响显著计 2 分；直接影

响非常显著计 3 分。以此类推，将第二个动力因素在第二行与其他因素相比较，将第三个动力因素在第三行与其他动力因素相比较，等等。如此，动力因素直接影响矩阵 C。见表 6–2。

表 6–2　动力因素直接影响矩阵

	P11	P12	P13	P14	P15	P21	P22	P23	P24	P25	P31	P32	P33	P34
P11	0	1	0	2	2	2	2	0	1	0	0	0	0	0
P12	0	0	0	2	2	0	0	0	0	0	0	2	2	0
P13	0	0	0	3	3	0	0	0	0	0	0	0	3	0
P14	2	2	0	0	2	2	2	2	2	0	0	0	1	0
P15	2	2	2	2	0	0	0	0	0	0	2	2	0	2
P21	0	0	0	0	3	0	3	3	3	0	0	0	0	0
P22	0	0	0	0	2	2	0	3	2	0	0	0	0	0
P23	0	0	0	0	3	0	0	0	0	0	0	0	3	0
P24	0	0	0	0	2	3	3	2	0	0	2	0	0	0
P25	0	0	0	2	0	3	3	3	3	0	0	0	0	0
P31	0	3	0	2	3	0	0	0	0	0	0	0	0	2
P32	0	1	1	0	2	3	2	2	2	0	0	0	1	2
P33	0	0	1	0	0	1	1	1	1	3	0	0	0	0
P34	2	2	0	2	0	2	2	1	2	0	0	0	0	0

其次，直接影响矩阵标准化。将直接影响矩阵按行求和，寻找最大值，以此值除以直接影响矩阵的每一个影响值即得动力因素的标准化直接影响矩阵，记作 M。标准化公式如下：

$$m_{ij} = \frac{1}{\alpha} c_{ij}; \quad \alpha = \max_{i=1}^{n} \left\{ \sum_{j=1}^{n} c_{ij} \right\} \qquad \text{公式 11}$$

步骤二：计算综合影响矩阵。

直接影响矩阵只反映了动力因素之间的直接影响关系，并没有反映因素之间的间接关系。比如两个动力因素之间可能不存在直接影响，但可能以其他动力因素为中介形成一条间接通路。动力机制分析的目的就是明确动力因素相互作用的层次和逻辑关系。因此，需要在直接影响矩阵基础上通过矩阵运算得出综合影响矩阵。计算公式如下：

$$T=M+M2+M3+\cdots+Mn \qquad \text{公式 12}$$

步骤三：计算影响度、被影响度、中心度和原因度。

将综合影响矩阵中的因素按行相加，得到本行相应因素对其他因素的影响度(f_i)，包括对其他因素的直接影响和间接影响程度。影响度越大，说明这种因素对其他因素的综合影响程度越大。把综合影响矩阵中的因素按列相加，得到本列相应因素受其他因素影响的被影响度(e_i)，被影响度越大，说明该种因素作用的发挥受其他因素制约的程度越大[41]。

在计算影响度和被影响程度的基础上，再把每个因素的影响度和被影响度相加，得到该因素的中心度(k_i)。中心度反映了该因素在整个分析系统中所处的地位，中心度越高，说明该种因素的重要性越高。把每个因素的影响度和被影响度相减得到原因度（l_i），如果差值为正，说明该因素影响其他因素的程度比较大，而受其他因素所影响的程度较小，所以，该因素应该处于各因素相互关系的初始位置；如果差值为负，表示该种因素被影响的程度较大，应该排在影响关系链条的末尾位置。

$$f_i = \sum_{j=1}^{n} t_{ij}(i,\ j=1,\ 2,\ 3,\ \cdots,\ n) \qquad \text{公式 13}$$

$$e_i = \sum_{i=1}^{n} t_{ij}(i,\ j=1,\ 2,\ 3,\ \cdots,\ n) \qquad \text{公式 14}$$

$$k_i=f_i+e_i\ (i=1,\ 2,\ 3,\ \cdots,\ n) \qquad \text{公式 15}$$

$$l_i=f_i-e_i\ (i=1,\ 2,\ 3,\ \cdots,\ n) \qquad \text{公式 16}$$

步骤四：确定关键性因素及影响路径。

主要依据影响度和中心度两类指标确定关键影响因素。因为影响度大，反映这种因素对其他因素的影响较为广泛性，原因度大，说明该种因素自身具有较强的影响能力[42]。然后，以原因度较大的动力因素为起点，以中心度较大的动力因素为核心，被影响度较大的动力因素为终点，形成动力因素发生作用的基本通路。

二、影响矩阵及影响度计算

农牧民专业合作社成长动力系统结构模型的基本构造分为四层结构，共有 14 个动力因素。因此，形成了 14 阶动力因素直接影响矩阵，见表 6-2。按照运算步骤对直接影响矩阵标准化处理，并计算动力因素的综合影响矩阵。因为数据量大，已将标准化直接影响矩阵及综合影响矩阵运算结果列入附录，分别见附录四和附录五。

在综合影响矩阵基础上按行相加，得到动力因素影响度，按列相加得到被影响度，将影响度与被影响度相加、相减分别得出中心度和原因度计算结果，见表 6-3 和图 6-2。

表 6-3 动力因素中心度和原因度计算

成长能力	动力因素	代码	影响度 (f_i)	被影响度 (e_i)	中心度 (k_i)	原因度 (l_i)
内部治理能力	宣传教育	P11	1.9950	1.4626	3.4576	0.5324
	规范化建设	P12	2.1000	2.1282	4.2282	-0.0282
	产权结构调整	P13	2.4558	1.1819	3.6377	1.2738
	治理机制优化	P14	2.9710	2.3910	5.3620	0.5800
	利益机制改进	P15	2.4311	4.6002	7.0313	-2.1691
生产经营能力	专业化生产	P21	2.1913	3.1309	5.3222	-0.9396
	标准化生产	P22	1.6880	3.2428	4.9307	-1.5548
	品牌建设	P23	1.7327	3.0967	4.8294	-1.3640
	新技术、新品种应用	P24	2.1494	2.7230	4.8723	-0.5736
	资金筹措	P25	2.5688	0.5595	3.1282	2.0093
政府支持力	法律支持	P31	1.6721	1.1301	2.8022	0.5420
	财政税收	P32	2.8111	1.0578	3.8688	1.7533
	金融信贷	P33	2.0642	1.5771	3.6413	0.4871
	教育培训	P34	2.4896	2.0642	4.5538	0.4254

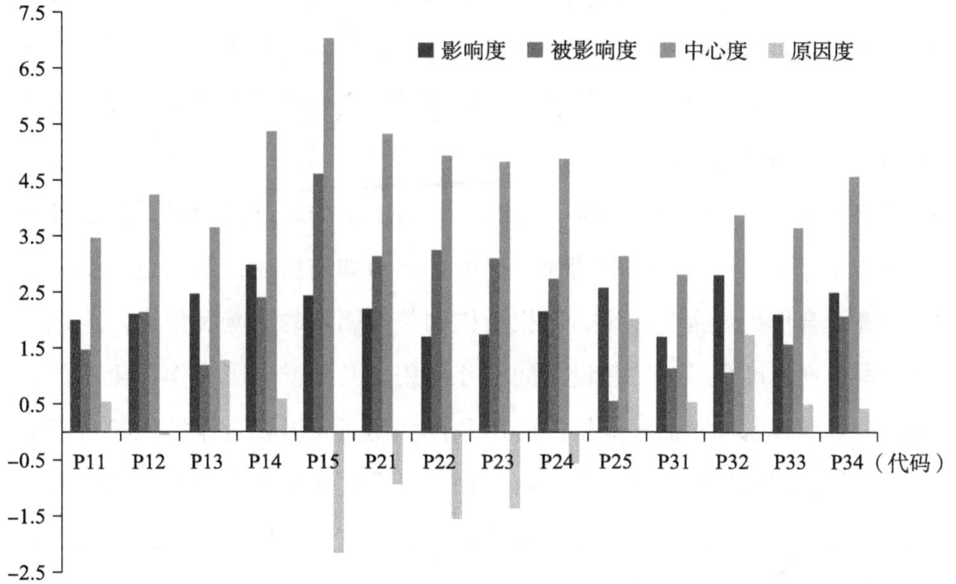

图 6-2　动力因素中心度原因度排序示意图

在影响度指标上，指标值最大的是合作社“治理机制优化”、政府“财政税收”、合作社“资金筹措”、政府主导的“教育培训”和合作社“产权结构调整”。其中，内部治理机制是整个合作社成长的协调指挥中心，治理机制的制度化、高效运行将促进合作社规范化建设；充分发挥激励功能，促进利益机制改进，提高合作社凝聚力；统筹内外部资源，作出专业化生产、标准化生产和实施品牌战略的科学决策。政府财政专项、涉农项目、税收减免对于合作社提高专业化、标准化生产水平，实施品牌战略都具有积极的推动作用。同时，由于合作社特殊的产权制度，政府财政资金可量化到成员个人账户，对改善成员利益分配关系意义重大。合作社自身的资金筹措除与政府财税支持解决相同的问题外，由于通过市场机制运行，运行成本高，因此对改善合作社的管理发挥积极作用。政府主导的教育培训主要对合作社提高经营管理水平、专业化技术水平起到直接推动的作用。

在中心度指标方面，指标值最大的是“利益机制改进”“治理机制优化”“专业化生产”“标准化生产”和“新技术、新品种应用”。中心度较高的指标除对其他指标有较大影响外，还具有较高的被影响度，处于动力因素体系的中心地位。合作社利益机制改进受到合作社规范化建设、产权结构调整、治理机制优化等制度性因素的影响，也受合作社生产专业化、标准化等现实发展的影响推动。同时，利益机制的改进又会对上述条件产生反作用。治理机制优化对其他指标的影响力如前所述，但它也会受到宣传教育、合作社规范化建设、产权结构调整等因素的影响和促进。生产专业化与生产标准化、品牌建设之间相互作用，共同推进了合作社生产能力的提升。新技术、新品种的推广应用是技术创新发展在合作社成长过程中的具体体现。积极引入新技术、新品种，以现代化技术手段和科技研发新成果应用方式推动生产专业化、标准化发展，有利于增加产品附加值，提高成员收入。

在原因度指标上，政府支持方面的四个指标是：“法律支持”“财政税收”“金融信贷”“教育培训”，这一律表现为正指标。在农牧民专业合作社方面，除了“宣传教育”“产权结构调整”“治理机制优化”“资金筹措”为正指标外，其余都为负指标。正指标表示指标的能力较强，负指标是处于被解释和结果性、目标性位置。上述原因度计算结果是完全符合客观事实和合作社运行规律的。在合作社发展初期，合作社要满足政府给予支持的基本条件之外，政府的主要作用是扶持农牧民专业合作社成长壮大。政府对合作社的支持完全出于发挥社会经济管理职能，没有其他的利益诉求。原因度较高，说明其主要发挥影响作用，自身功能需要首先得到完善，合作社主导的宣传教育、产权结构调整、治理机制优化和资金筹措等即反映了这种特性。

三、农牧民专业合作社成长路径

综合上述分析，主要依据影响度和中心度，并结合青海藏区农牧民专业合作社创建期的主要任务，确立“规范化建设”“治理机制优化”“专业化生产”“资金筹措”和政府主导的“教育培训”为促进合作社成长的关键性影响因素。按照关键性影响因素的前向、后向相互作用关系（图6-3），农牧民专业合作社成长的路径选择主要有以下几个方面。

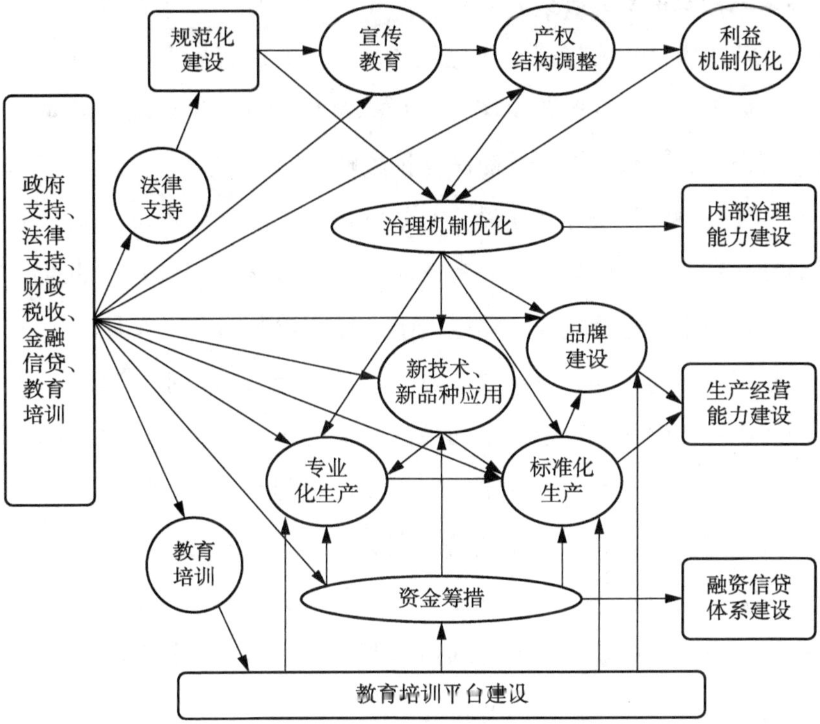

图6-3　农牧民专业合作社成长路径示意图

一是以落实法规制度为引导，加强合作社规范化建设。充分发挥政府政策、法律的引领作用，进一步建立和完善合作社运行机制和管理制度，形成合理合规的制度体系。强化制度约束，净化合作社发展环境，以制度规范引导合作社健康、有序发展。

二是以利益机制改进为中心，加强合作社内部治理能力建设。在合作社规模不断扩大的基础上逐步降低产权集中度，实现产权结构调整。在合作社生产经营效率不断提升的条件下，遵循帕累托改进原则，既不妨害大股东利益，又能使普通成员利益水平有所增长。正确处理所有者与经营者之间的关系，创建决策权、监督权、剩余控制权的治理机制创新模式。

三是以提高生产专业化水平为基础，加强生产经营能力建设。围绕具有地方特色的优势农畜产品产业布局，结合农牧民实现合作的生产要素特征，继续细化农畜产品种类分工和纵向生产经营环节分工，形成独具特色的生产经营内容，努力提高专业化生产水平。转变经营观念，掌握、应用生产标准体系，实施标准化生产并进行规范化管理。以市场为导向，明确产品市场定位，积极实施产品品牌营销战略。

四是加强融资信贷体系建设，有效突破合作社融资困境。充分利用合作社的社会资本、物质资本、农畜产品供应链，选择积极有效的投融资模式，不断扩大生产经营规模，奠定使生产经营效率提升的基础。

五是以政府为主导，开展农牧业专业技术教育培训平台建设。基于合作社的弱质性和农牧业科学技术知识的外部性特点，政府应主导建立教育培训平台，形成培训机构、培训资金、培训规划协调一致的教育培训体系，开展长期稳定的教育培训工作。针对农牧民专业合作社生产专业化、标准化、品牌建设及科学管理等方面的实际需要，进行技术知识的系统化培训教育。以农牧民职业生涯规划指导制定为纽带，积极培养新时期职业农民，为合作社成长提供智力支持。

第七章　促进青海藏区农牧民专业合作社成长的对策与措施

农牧民专业合作社成长是各种动力因素的功能发挥作用的过程。面对合作社创建期的主要问题和特点，本章具体提出动力功能发挥作用的条件、模式和对策与措施。

第一节　合作社规范化建设

规范化建设涉及合作社内部治理、生产经营能力提升等内容，有一个较为长期的建设过程。本节先从强化制度基础、净化建设环境视角分析说明相应的建设内容。

一、规范化建设背景

通过调研得到，青海藏区已注册登记的农牧民专业合作社数量为4,818家，实际运行的合作社大致在960家左右，约占注册登记数的五分之一，五分之四的没有实际运行的合作社都不同程度地存在“假、死、空”的现象。占据比例较大的是空壳合作社，自登记注册以来，由于经营目标不明确，成员不合作，合作资金不到位，一直没有从事过实质性经营活动。其次是“挂死”合作社，这类合作社一开始有实体性经营业务，但由于经营不善，已处于停滞状态。还有假合作社，即经营内容与注册登记证内容不相符，具体表现为合作社与带头人个人开办的公司联合在一起，招牌为合作社，但实际开展的是个人公司的经营业务。这些“假、死、空”合作社的存在极大地影响了经济发展的有序性，导致管理部门对经济运行状况误判及决策失误。一部分合作社刚刚登记成立，还没有真正从事生产经营活动就开始积极申请国家相关政策补助，完全是一种“等、靠、要”的心理，尤其是注册登记动机不纯，主要是为了套取国家的优惠政策。不规范的发展严重损害了合作社在公众心中的形象，导致政府财政、金融等机构对其产生信任危机，打击了农牧民群众加入合作社的积极性。

造成上述问题的原因，一方面是合作社经营者缺乏诚信意识，以及对合作社制度认识不清，盲目注册；另一方面也暴露出管理者只求数量、忽视质量建设的政绩观念。出于对新型农业经营主体的大力支持，相关制度对合作社注册登记制定的门槛过低，创立人只要发动亲朋好友就能轻易凑够注册资金，工商部门也没有严格的验资程序，一个不合法的合作社就这样诞生了。在合作社运行过程中没有严格履行年报制度和审计制度，合作社只进不出，政府部门的统计资料不能反映合作社实际运行状况。因此，为了合作社健康有序发展，必须发挥制度约束功能，净化合作社发展环境。

二、规范化建设对策

（一）严格执行相关法律规定

《农民专业合作社法》第九章已明确了违反本法应当承担的法律责任，其中，第七十条规定，农民专业合作社向登记机关提供虚假登记材料或者采取其他欺诈手段取得登记的，由登记机关责令改正，可以处五千元以下罚款；情节严重的，撤销登记或者吊销营业执照。第七十一条规定，农民专业合作社连续两年未从事经营活动的，应当吊销营业执照；第七十二条规定，在财务报告等材料中弄虚作假、隐瞒重要事实，应追究法律责任。① 我国农民专业合作社建设坚持"在发展中规范、在规范中发展"的建设原则，但决不能只重视发展，忽视规范化建设，否则将导致经济发展秩序混乱和国家资产、社会资源的严重浪费。因此，应执行相关政策法律规定，坚决治理"假、死、空"，引导合作社健康、有序发展。

（二）落实合作社年报制度

农牧民专业合作社每年应当通过企业信用信息公示系统定期向工商部门报送年度报告。② 工商部门和农牧业主管部门根据公示信息加强对农牧民专业合作社的监测管理，财税和金融信贷机构也可以此作为支持合作社发展的主要依据。九部委发布的《关于引导和促进农民合作社规范发展的意见》指出，对于没有实行年报制度或在年报中弄虚作假的合作社，将列入经营异常名单[43]，取消示范社评定和国家政策扶持资格。从调研中了解到，几乎所有的合作社都不同程度地享受到了国家的优惠政策，少则几万元，多则几十万元甚至上百万元，但是，这些资金和涉农项目的情况如何呢？政府管理部门应督促合作社对经营业务年报制度规定的落实，切实加强对合作社运行状况的监督检测，并及时处理运行过程中的重点问题。

（三）加强财务管理

财务管理是推进农牧民专业合作社规范化建设的重要支撑，是切实维护成员利益、管好用好国家财政资金的根本措施。因此，农牧民专业合作社必须严格按照财政部关于《农民专业合作社财务会计制度（试行）》的通知要求，建立会计工作体系，设置会计账簿，配备会计人员；不具备条件的，可以委托农村经营管理机构或代理记账机构代理记账和进行会计核

① 第十二届全国人民代表大会常务委员会．中华人民共和国农民专业合作社法，2018 年 7 月 1 日．

② 农业部等九部委．关于引导和促进农民合作社规范发展的意见，2014 年 8 月 27 日。

算;① 执行会计核算的基本要求，设置现金日记账和银行存款日记账、总分类账和各种必要的明细分类账；加强资产管理，健全销售业务、采购业务和存货的内部控制制度；编制盈余及盈余分配表、成员权益变动表、资产负债表、成员科目余额表和收支明细表、财务状况说明书等[43]；实行财务公开，供合作组织成员查询，并按时向登记部门和行政主管部门报送，以反映合作组织运营状况。

（四）加强规范化建设管理

地方政府应建立健全合作社规范化建设制度，落实责任制，完善管理职能；加强对合作社运行状况的动态监测，指导、审核合作社年报和财务报表工作，推进辅导员队伍建设，形成多层次的指导服务体系[44]；加强示范基地建设，发挥示范社的引领带动作用；建立高效的会商机制，定期交流、信息共享、密切配合，共同做好农民专业合作社管理、服务与指导工作。②

案例 7-1　北京市引导合作社规范发展经验

北京市引导合作组织发展成效显著。首先，建立了农民专业合作社发展联席会议制度，形成资源整合、资金聚焦、政策集成和部门联动的工作机制。如密云区成立以市场开发培训、信息、法规咨询为服务内容的农民专业合作社指导服务中心。实践证明，服务中心切实起到了有效服务扶持农民专业合作社的作用，全区农民专业合作社发展成效始终排在全市前列。其次，结合实际制定地方性法规，贯彻落实国家关于农民专业合作社发展的政策法规。2009 年北京市人大常委会审议通过《北京市实施〈中华人民共和国农民专业合作社法〉办法》，办法在拓展合作组织业务范围、支持鼓励合作组

① 财政部．关于印发《农民专业合作社财务会计制度（试行）》的通知（财会［2007］15 号），2007 年 12 月 20 日。

② 工商总局，农业部．关于进一步做好农民专业合作社登记与相关管理工作的意见（工商个字〔2013〕199 号），2013 年 12 月 18 日。

织联合、明确各级政府职能部门职责以及加大政策扶持的各方面作出重点规定。最后，采取多种形式开展指导培训，从农委、经管站选拔业务骨干，对合作组织展开一对一的指导服务。北京市农委和农业局还建立了处长联系示范社制度，形成职能部门帮扶合作组织的长效机制。（案例资料来源于《中国农民专业合作社发展报告（2007—2016）》）。

案例 7-2　江苏省依法兴社合作共赢模式

江苏省走特色建设之路，首先，在构建政策体系上下功夫，出台《江苏省农民专业合作社条例》，突破性地将社区股份合作、农地股份合作等写入地方性法规，规范了有关合作社成员借款利率与成员服务报酬等保护成员利益的规定。制定配套政策，2009 年江苏省政府下发《省政府关于加快发展农民专业合作组织的通知》，明确了财政、税收、金融信贷、电价、用地保障等八个方面政府扶持政策，基本形成以“一法一条例”为基础、以职能部门配套政策为支撑的政策体系。同时，坚持内导外引，在规范运行上下功夫。具体做法是，统一开发农民专业合作社财务管理软件，通过培训在全省推动应用。指导合作社健全内部运营机制，要求做到经营、管理、财务、项目“四分开”。宣传、推广、启动市农民专业合作社代理服务模式，促进合作组织规范化发展。（案例资料来源于《中国农民专业合作社发展报告（2007—2016）》）。

第二节　内部治理机制优化

内部治理机制反映合作社的制度能力和管理协调能力，通过对动力因素相互作用机制的分析表明，内部治理机制优化主要通过产权结构调整、利益机制改进和监督机制优化设计三方面来实现。

一、产权结构调整

产权集中度高是合作社创建期的显著特征之一。较高的产权集中度容易促成经营决策的高效率。但以产权为导向的经营权、剩余索取权的垄断会对合作社发展壮大产生抑制作用。产权结构调整要在不断扩大合作社成员规模基础上，逐步降低产权集中度，为合作社持续成长奠定基础。

（一）积极动员非成员入股入社

规模小、平均占有资产数量少，是青海藏区农牧民专业合作社成长的主要问题。同时，合作社成员数占乡村总户数的比例只有 20.674%，说明合作社在继续扩大成员规模方面仍具有较大的潜力。出于对合作社成员收入水平与当地农牧民对比分析的研究需要，本书对非成员进行相关调研，调研结果显示，大多数农牧民对合作社的性质和功能不了解，甚至对本乡村已经开展的专业合作社状况知之甚少。少数较为关注合作社发展的农牧民也在加入与不加入之间徘徊，表现出迟疑态度。如前所述，人们的行为变化遵从“知—信—行”三阶段规律，其中，获取广泛的知识和信息，提高认知度是将认知进一步转化为坚定信念，进而采取实际行动的基础。宣传教育是合作社发展的基础性功能，合作社应该设立专门的宣传教育基金，不仅要开展对内部成员的教育，还要对周围群众实施宣传教育活动，以提高农牧民群众对合作社的认知度和认可度。宣传教育需要考虑的基本内容应包括：农牧民专业合作社的性质和功能是什么？参加合作社究竟能给农牧民带来什么样的好处？加入合作社的条件和权利是什么？尤其是财产权利应该怎样处理？通过宣传使农牧民具备正确的认识和心理准备，自主判断并作出是否加入合作社的决定。此外，政府部门也应支持农牧民专业合作社的宣传教育活动，利用公共媒体扩大宣传渠道和宣传面，广泛提升农牧民群众对互助合作制度的认识水平，不断推进农牧民专业合作社发展壮大，提高农牧民组织化程度。

（二）走合作社联合社发展道路

青海藏区农牧民专业合作社平均成员数为23.10户，其中，成员数为10户以下的合作社占了58.33%。合作社联合社的发展道路是解决目前合作社规模小、产权过于集中的有效发展路径。2017年12月新修订的《农民专业合作社法》专门增加了第七章关于农民专业合作社联合社的法律规定，说明农民专业合作社联合发展已受到广泛重视。法律规定：三个以上的农民专业合作社在自愿基础上，可以出资设立农民专业合作社联合社。[①]农民专业合作社联合社的发展，主要应解决联合意愿和联合方式的问题。首先，受落后的经营思想、经营观念的支配，大多数合作社不愿意联合，宁愿固守现有的小本小利，不愿承担更大的经营风险。对此，必须进行经营管理方面的教育培训，教育合作社发起人必须及时转变经营观念。目前，合作社规模小，成员数量增长慢正是合作社从事生产经营活动的专业化水平低、合作社的规模效益没有得到充分发挥、市场竞争力不强等一系列原因造成的。其次，联合方式是农民专业合作社联合社成败的关键。一是要以产品和产业类型为纽带，以提升专业化水平为导向，实施联合合作。二是要形成统一的资源整合标准。青海藏区大部分农牧民专业合作社都是以发展养殖业为主，牛羊是合作社的主要资产，不同合作社具有不同的牛羊折价标准。那么，开展联合经营，必须要在发起人协商一致的条件下形成一个统一的折价标准，重新核算联合社资产。三是要制定统一的合作社章程，成立成员大会，并从现代管理理念出发，构建生产、技术、营销等事业部组织机构，发挥专业化管理职能作用。四是实施联合社办企业的经营策略，突破劳动联合限制，产生资本联合的经济效应，提高成员劳

---

① 第十二届全国人民代表大会常务委员会．中华人民共和国农民专业合作社法，2018年7月1日。

动就业率，改善合作社收益状况。

案例 7-3　天峻县某生态畜牧业合作社联合社

天峻县对已建生态畜牧业合作社的牲畜、草场整合的情况进行了综合评估排序，根据排序结果，选择排序靠前的新源镇梅陇、织合玛乡达尔那等 14 个生态畜牧业合作社跨区域联合，组建了县级联合社——天峻县玉舟生态畜牧业合作社联合社。联合社共有成员 450 户，整合资产 8,600 万元。联合社重新设立了理事会、监事会，并指导成员社修订完善了各项规章制度。针对联合社懂经营、善管理的人员缺少的问题，在全县范围内择优筛选 6 名懂藏汉双语的大学生到联合社工作，实行包社管理，主要开展股份合作制改造和财务社务建档工作。2015 年以来，联合社与甘龙公司、莫河驼厂等畜牧业屠宰加工企业签订了牛羊销售合同和牛羊屠宰加工协议，统一加工销售 11,231 只羊、984 只牛，进一步提高了牧民收入。

二、利益机制改进

在产权的收入分配功能支配下，出资大股东和普通成员之间形成较大的收入分配差距。收入分配差距持续扩大会导致合作社凝聚力下降。合作社治理应在不妨碍大股东利益的情况下，寻求大多数成员利益机制改进的模式和对策。

（一）长短期利益结合模式

在现实的农牧民专业合作社的合作方式之中，出资大股东往往掌握着资金和社会资本等优势资源，普通成员主要拥有劳动和土地等基础性资源。因此，在合作社利益分配关系中，不同要素所有者的利益诉求和表达方式表现出一定的差异性。拥有优势资源的投资者希望提高按股分红的比例，而以土地入股的普通成员往往要求“一次返利”，即以高于市场价的价格收购自己的农畜产品，并且能够得到现金支付。普通成员缺乏长期经营的风险意识，很难接受经营收益的延期支付模式，这也是目前合作社发展的现实状况。但是，从大多数成员的利益改进角度分析，优势资源也必须与土地等基础性资源相结合才能获得现实的合作经济效益。长短期利益结合模式的主要内容是，合作社应承诺以高于市场价一定比例的价格收购农畜产品，但当实际交易发生时，可以先扣除高于市场价的部分，将其转为农牧民对合作社的投资，计入成员个人账户，并继续参与分红。这种做法的可行性在于，就农牧民群众一方而言，他们将自己的农畜产品在市场出售与卖给合作社是一样的，但从收益上看，将产品卖给合作社不仅获得了现实收入，还免费获得了一笔投资，使得自己的预期收入有所增长。对于合作社一方，不仅增加了交易量，还使得成员数量和资产规模不断扩大。这种模式结构表现为“保底+返利+投资+分红”，使得普通成员利益实现帕累托式的增加。

（二）利益调节模式

由于出资大股东掌握优势资源，必然拥有合作社经营权并掌握剩余索取权，也因此使合作社核心成员与普通成员之间形成较大收入差距。这似乎成为不可调和的矛盾。刘同山、孔祥智（2014）发表《精英行为、制度创新与农民合作社成长——黑龙江省克山县仁发农机合作社个案》提出，乡村精英不仅看重经济效益，还会考虑声誉、社会地位等社会效益，其行为具有二元效用特征。① 青海藏区农牧民专业合作社发展实践也证明这种理论的正确性。尤其是在合作社创建期，当核心成员与普通成员的收入差距较大时，有相当一部分核心成员更愿意放弃一定的经济利益，换取相应的社会效益。这种社会效益最终换来的是核心成员个人荣誉的获得和人脉资源的增加，以及合作社被评为省级、国家示范社的可能性，从而取得更多的国家财政资金和扶持项目[46]。核心成员的“放弃”实际表达了一种

---

① 刘同山，孔祥智．精英行为、制度创新与农民合作社成长——黑龙江省克山县仁发农机合作社个案［J］．商业研究，2014（5）：73-79，192.

“利益调节”，是核心成员自身经济效益和社会效益之间的调节，更是核心成员利益和普通成员利益之间的调节。这种调节机制主要表现在资金、劳动、土地等生产要素关于剩余分配比例划分和优先次序上。例如，门源县某农牧业专业合作社从事饲草种植，股东 15 人，成员 370 户。合作社总资产为 650 万元，股东以资金入股，占股 60%，普通成员以土地入股，占股 40%。合作社盈余分配方案是土地股占 60%、资金股占 40%。门源县某土地联营合作社股东 17 人，成员有 450 户，合作社总资产为 1,000 万元，核心成员占股 75%，盈余分配方案是，60%按工分成、40%按股分成。政府关于示范社的评选不仅要考察合作社成员规模、总收入状况，还要考虑普通成员的实际收入水平，上述两家合作社先后被评为省、市级示范社。

三、监督机制优化设计

以“个人为中心”的决策模式带来的监督职能缺失可能会对普通成员利益造成危害。通过监督机制的优化设计以规范合作社决策行为、维护大多数成员合法利益，并使决策活动朝着更科学、高效的方向发展。

（一）发挥独立董事参事作用

2001 年，中国证监会出台了《关于在上市公司建立独立董事制度的指导意见》（以下简称《意见》），目的是促进上市公司的规范运作。“独立董事”是指不在公司承担除董事以外的其他职务，并与其所受聘的上市公司及其主要股东不存在可能妨碍进行独立客观判断的关系的董事。《意见》指出，独立董事应该按照相关法律法规、公司章程要求认真履行职责，维护公司整体利益，尤其要关注中小股东的合法利益，使之不受损害。① 农牧民专业合作社特殊的决策结构显示了经营权由少数具有合作社所有权的股东拥有，独立董事制度是较为适合的治理模式。通过调研了解到，与独立董事相似的运行模式已经发生在农牧民专业合作社实践之中。比如，天

① 中国证监会．关于在上市公司建立独立董事制度的指导意见，2001 年 8 月 16 日。

峻县一部分合作社通过成员大会聘任村支书担任合作社监事长，这位村支书不是合作社成员，只代表全体成员发挥监督作用，实践证明取得了良好效果。因此，应当在合作社章程中列入独立董事制度，独立董事应由成员大会选举产生，规定独立董事的人数不少于理事会成员的三分之一，独立董事的薪金也由成员大会决定，与理事会或理事长权利没有直接关系。独立董事的职权主要包括参与合作社日常决策、提议召开临时成员大会、聘用外部审计机构和咨询机构等。

（二）完善成员退出机制

退出机制是成员自发的监督功能，是对成员财产权利的最终维护，对合作社治理具有较强的威慑作用。退出能力越强，越有利于促进合作社提高经营管理水平，努力增强生产经营效果，增强合作社凝聚力。青海藏区农牧民专业合作社发展的实践表明，成员退出能力较强的合作社经营效果较好，经营效率较差的合作社成员退出能力相应较弱。当然，完善退出机制并不是一味地强调成员单方面绝对自由，因为成员退出能力主要表现在当成员退出时，可以带走个人账户的出资额、公积金量化和入社期间的可分配盈余，那么，在利己主义思想支配下，个别成员在对待加入或退出合作社的事上往往会表现出见利就进、无利则退的态度，这样会导致合作社投资不稳定，影响合作社长远发展。因此，《农民专业合作社法》规定，成员要求退出时，应当在会计年度终了的三个月前向理事会提出，企事业单位成员或社会组织成员要求退出的，需要在会计年度终了的六个月前提出，合作社章程另有规定的，则从其章程[49]。在合作社发展实践中，大部分合作社章程规定，成员提出退出申请的时限为2~3年，包括非成员提出加入合作社申请的时限也与此相同。因此，完善成员退出机制，应坚持“维护成员财产权利与合作社生产经营稳定相结合”的原则。具体规定应视合作社的生产经营内容、生产经营周期，特别是利益形成周期的长短而定，确定适宜成员退出与申请的时限。

第三节　生产经营能力提升

生产经营能力提升是青海藏区农牧民专业合作社持续成长的中心任务，是实现成长目标的根本保证。提升生产经营能力应该以提高生产效率为基础，坚持以市场为导向，逐步实现生产标准化并实施品牌营销战略。

一、提高生产专业化水平

（一）专业化方向选择

围绕地区优势特色产品进行专业化生产，是形成比较优势、提升专业化水平的有效途径。以特定地域的自然条件和自然资源为基础，实施专业化分工，能够更有效地发挥机械设备的作用，有利于推广应用专业科学技术，提高劳动生产率和产品质量。青海省人民政府办公厅发布的《关于促进农牧民专业合作社发展的意见》指出，要依托油菜、蔬菜、马铃薯、蚕豆、果品、中藏药材、肉牛、肉羊、饲草、乳品、毛绒等特色产业和优势农畜产品培育发展农牧民专业合作组织[50]。《青海省国民经济和社会发展第十三个五年规划纲要》提出，加快转变农牧业发展方式，走出一条农业与牧业循环、规模经营效益与品牌效益兼得、一二三产业融合发展的特色之路。青海藏区农牧民专业合作社大都从事着大类农牧业产业的生产经营活动，特色小类产品的生产较少，而且，在农牧业产业链条上，从事加工、服务、营销等环节的农牧民专业合作社更是少之又少。从对合作社成长性评价结果来看，凡是列在评价值前列的，都是专业程度较高的农牧民专业合作社，如从事人参果种植、蔬菜种植、苗木培育和土地托管服务的合作社，以及从事土地联营、以使用先进技术装备实现规模经济效益的合作社。因此，农牧民专业合作社生产的专业化方向应是重点发展农畜产品加工和营销，以及小类特色种养殖业、土地托管服务，重点开发农牧业生态旅游、民族文化手工艺品的生产经营活动。

（二）专业化发展对策

确定专业化发展方向并不意味着就实现了专业化生产。专业化生产过程是指集中于某个生产环节，经过反复生产实践，不断积累知识和经验，劳动熟练程度越来越高，技术能力越来越强，生产的产出效率明显高于其他非专业化生产经营主体的过程[51]。因此，实现专业化生产的重点环节是专用性资产的形成。专用性资产是生产专业化的标志，是推动专业化水平提高的决定性力量。但同时，合作社的专用性资产数量越多、程度越高，交易成本也会越大。尤其是物质性专用资产资金投入大、经营风险高，许多合作社力量不足。按照新制度经济学的观点，专用性资产可分为物质资本的专用性和人力资本的专用性。在农牧民专业合作社的专业化发展过程中，政府应该积极发挥扶持作用，在大型机械设备购置以及农牧业基础设施建设如畜牧业、养殖业畜用暖棚、节能温室、青贮窖和牛羊育肥等设施建设，以及种植业整地、播种、收割和病虫害防治等基本农机具购置等方面给予资金扶持。同时，政府应加大教育培训支持力度，加强种养殖技术和现代机械设备使用技术的培训，使合作社成员集中掌握专业知识，提高从事专业化生产的能力。此外，在涉农项目上应向农牧民专业合作社倾斜，以项目建设带动合作社生产专业化发展，使相关人员在实践中不断积累经验、锤炼技术能力。

二、推进标准化生产

（一）标准化生产的主要环节

农业标准化意味着在农业生产、加工、流通的各个环节实施统一的管理标准和技术标准控制，从而保证最终产品的规格和品质的一致[52]。其中，管理标准控制，就是在产前、产中、产后实行统一规划、统一采购、统一生产和统一销售制度，以保障标准化内容的协调一致。天峻县某生态畜牧业合作社就是实行了统一的管理标准化控制，具体做法是，统一配种、统一轮牧、统一育肥、统一加工和分群养殖。这种标准化模式在全省范围内推广，取得了良好成效。技术标准化控制的主要内容以种植业为例，包括种子标准化，即果实、种苗、接穗等生产所用繁殖材料必须实行标准化管理；生产技术标准化，即选地、整地、播种、育苗、田间管理、收获、仓储等生产过程中必须执行统一标准化的工艺操作，并进行操作过程的作业记录；产品质量标准化，即产品品质鉴定、安全卫生指标检测和产品规格划分都必须以统一标准执行。随着互联网经济的发展，以消费者为导向的生产标准化行为已经由“可信任”变为“可追溯”。标准化产品除了承载产品质量信息和安全信息以外，还必须传达产地信息、生产加工信息和原材料组成信息等全过程信息，以供消费者可查、可选。

案例 7-4 河南县有机牦牛—欧拉羊物联网追溯监管系统①②

河南县有机牦牛、欧拉羊联网追溯监管系统包括生产的可追溯、屠宰的可追溯、流通的可追溯和政府监管的可追溯。其主要数据化过程包括为牲畜佩环，记录牲畜的畜主、畜种、畜龄、养殖类型、健康状况、检疫员等数据。据此，检疫员通过移动终端对病牲畜进行数据查询，识别、定位病牲畜，开展治疗。在屠宰阶段，进行牲畜屠宰加工过程的信息采集和数据上传，将每一块肉与其来源牲畜的生产阶段信息一一对应。在品级划分环节，通过读取每头牲畜的耳环，可根据生长记录，自动计算出每头牲畜的品质等级，并将评级信息自动与二维码绑定。最后，将信息上传至追溯系统数据库管理平台。最终形成一个“产供销一体化”的有机畜牧产品可追溯监管系统，从而保障了产品安全、提高消费者品牌信任和忠诚度。

---

① 青海省河南县有机牦牛—欧拉羊物联网追溯监管系统简介．网址：https：//www.doc88.com/p-9793381205009.html.

② 唐燕花，蔡学斌，扎西．青海省河南县有机牦牛—欧拉羊物联网追溯监管系统简介［J］.农业工程技术（农产品加工业），2012（5）：46-48.

（二）推进标准化生产的有效模式

实践表明，农牧民专业合作社在推行标准化生产过程中表现出各种矛盾和问题。究其原因，一是合作社技术基础薄弱，掌握、应用技术标准和管理技术标准的能力不足。二是实施成本高，比如各种检测设备等投资大。三是标准化产品如“三品一标”产品价格与普通产品价格区别不明显，标准化生产成本一时不能从产品销售中得到回收。因此，由合作社自身发起的生产标准化活动主动性不高，必须借助外部力量推进标准化实施。基于上述问题，学术上已有过相关研究探讨，本书结合青海藏区农牧民专业合作社发展实际，认为可以借鉴选择的模式主要有两种。

1. 以龙头企业带动的标准化发展模式

企业具有自身的产品品牌和明确的市场受众，易于制定具体的生产技术标准和管理标准，加之雄厚的技术资金支持，由企业负责培训合作社成员掌握技术标准和管理标准并指导运行，针对性强、效率高。当然，合作社生产产品也必须通过企业销售或者再加工销售。这种模式的优点是可以大大降低合作社实施标准化的成本，但是，合作社与龙头企业之间的利益联结机制必须得到合理化安排，使合作社权益不受侵害。

2. 以政府为主导的标准化发展模式

由于农牧业生产地域分散，农牧业技术具有外溢性特点，而且农牧业标准化生产形成的产品质量安全，不仅有益于消费者身心健康，也有利于生态环境保护，因此，农牧业标准化也具有正外部性。政府应加强对农牧民专业合作社的支持，包括制定地方和行业技术标准，指导培训实施标准以及在检测设备购置、产品质量认证等方面给予资金支持。在前述天峻县某生态畜牧业合作社的管理标准化模式、河南县的牦牛—欧拉羊可追溯体系建设之中，政府扶持起到了积极作用。此外，要广泛宣传绿色消费和健康消费，促进消费者对农牧业标准化产品的认知。宣传“三品一标”产品标志特征，提高消费者的辨识能力。同时也要严格市场准入制度，杜绝假冒伪劣产品，净化市场环境，开拓标准化产品市场空间，激发农牧民专业合作社从事标准化生产的积极性和主动性。

三、实施品牌营销战略

如前所述，产品的竞争由价格竞争演变为产品质量的竞争，再到目前更加注重以质量为基础的品牌形象的竞争。由于农畜产品质量与产地环境密切相关，产地特征也被要求作为产品质量的重要组成部分。但产地是不可移动的，因此，农畜产品经营更应注重品牌形象的塑造和形象传递。农牧民专业合作社品牌建设主要包括品牌形象定位、品牌营销和品牌维护三方面。

（一）品牌形象定位

品牌是对农畜产品品质和产地环境品质特色化的表达。首先，产品质量认证是品牌形象定位的基础。某种产品质量达到什么样的水平，其安全程度如何，必须由权威机构给出鉴定和说明。目前，就农畜食品产业而言，已形成了无公害农产品、绿色食品、有机食品和产地地理标志较为完备的质量等级体系。特色化必须以产品质量等级为具体内容，比如，无公害农产品是农药、兽药、化肥和各种饲料添加剂的使用被限制在一定范围之内，不对人体和环境造成直接危害；绿色食品是指产品产自优质的自然环境，并按照绿色食品标准生产的安全、优质、健康的农产品。可以看出，生产绿色食品不仅具有限制性条件，还满足有质量品级的正指标要求；有机食品生产的要求则更为严苛，要求产地大气环境、水环境不能有任何污染，土壤近三年之内未使用过农药、化肥等违禁物质，种质资源未使用转基因工程技术，即完全按照自然规律和生态学原理生产经营的农畜产品。这些农畜产品标准化体系只是规定了产品质量的逆指标上限，并没有限定逆指标下限或正指标上限。那么，在众多标准化指标方向上，如果合作社生产提供的农畜产品在某个方向上的表现更为突出，便形成品牌形象定位的客观基础。

青海藏区地处青藏高原腹地，海拔3,000米以上，仍然保持着原始和半原始状态；由于工业经济不发达，环境无公害、无污染，是绿色食品、有机食品生产的最佳场所。因此，“高原、绿色、有机、优质”已成为整个藏区农畜产品品牌的共有特征。品牌是某个合作社提供的农畜产品区别于其他合作社的标识。在品牌形象定位过程中，切不可造成形象重叠，导致形象遮蔽和无序竞争。形象遮蔽是指由于同种产品的生产者由于品牌形象相同或极为相似，较早形成品牌形象定位的生产者品牌效应大、市场认知度高，造成市场对后入者产生形象屏蔽作用，使后者品牌功能完全失去作用。所以，应该在共有特征基础上继续凝练产品品质特色，形成差异化形象定位。例如，雪舟牛绒衫、藏羊地毯、互助青稞酒等知名品牌的定位即在共同特征之下显示出了个体组织的品牌特色。

（二）品牌营销和品牌维护

品牌是合作社联系市场的桥梁和纽带，通过品牌营销提高消费者对合作社产品的认知度和认可度，促使合作社经营目的实现。合作社品牌营销策略主要包括以下几种类型：一是借助现代媒介宣传营销。制作产品品牌形象主题宣传片，形成统一的宣传主题、统一的视觉形象，在微信、微博、QQ等平台上发布视频，通过高点击率以及转载实现最大范围内的宣传。二是借助大型节事活动宣传营销。青海藏区作为少数民族文化聚集地，民族文化节日活动多种多样，如蒙古族的摔跤大会、青海湖的赛牦牛等，还有各种文化体育活动，包括青海国际唐卡艺术与文化遗产博览会、环青海湖国际公路自行车赛、世界攀岩锦标赛、中国青海三江源国际摄影节等。以上节日以及会展的举办都是合作社产品品牌营销的重要途径。

品牌需要及时维护，以不断提升品牌价值，密切合作社与消费者之间的关系。品牌的效用在很大程度上取决于消费者对产品的主观评价，所以，在品牌管理过程中，需要开展农畜产品的品牌形象调查，了解消费者对合作社产品及服务各方面的意见和建议，以不断维护品牌形象。也就是说，要在合作社产品质量建设和品牌形象建设之间形成一种良性互动，以生产建设为基础，以品牌建设为促进，提高合作社产品的市场竞争力。因此，合作社应通过科学技术的广泛应用不断提高产品质量，以专业化、标准化生产维护统一、规范的产品品牌形象，促进生产经营能力提升和合作社效率不断提升。

第四节　融资信贷模式选择

如前所述，由于合作社自身运行不规范，导致金融机构的信用等级评价不高，农牧业经营收入不稳定，增加了银行的贷款风险。合作社缺乏有效抵押物，使其无法满足银行贷款条件。但资金是农牧民专业合作社建设初期的关键性生产要素，直接通过银行解决资金需求问题不太现实，只有加入第三方担保，形成多元化融资体系，才能有效突破融资困境。根据青海藏区农牧民专业合作社自身条件的差异以及资金需求的不同方向，本书提出了订单融资、融资租赁和农担担保三种融资模式。

一、订单融资模式

订单融资模式属于当前正在兴起的生鲜农产品供应链融资模式之一，是以农牧民专业合作社销售订单为抵押物，达到借款的目的的融资方式。销售订单代表着合作社的未来收入，这笔收入是订单得到确认，并由下游企业担保过的收入，所以，可以大大降低农畜产品收入的不稳定性，成为金融机构的有效抵押物。订单融资模式的主要做法：一是合作社与下游企业签订购货合同，并向贷款银行报告下游企业基本情况，提出贷款申请；二是下游企业以订单合同向银行提出贷款担保，银行对贷款项目进行调查、核定标的物价值总额，并对授信单位信用进行调查和信用评价，再与下游企业签订贷款合作协议书。三是银行发放贷款给农牧民专业合作社，下游企业在接收、验收货物后将货款支付给贷款银行，银行在抵扣完贷款本金及利息后，将剩余部分转到合作社银行账户。

订单融资的适用条件：第一，由于以生产订单作为抵押物，没有对合作社物质性资产作出特别要求，所以，订单融资具有较大适用范围；第二，调研结果表明，青海藏区农牧民专业合作社生产的大部分生鲜农产品都能在当期销售完毕，但是，以订单形式销售产品的比例并不高。因此，从成功获得融资信贷的角度，合作社应该及时转变经营观念，尽早实现订单销售的规范化营销；第三，订单融资大多都是实行“一单一贷”，所以一次性贷款的数额有限，而且主要是解决合作社购进各种生产资料所需的流动资金问题，对于固定资产投资作用不足。

二、融资租赁模式

融资租赁就是出租人按照承租人的选择，购置租赁物提供给承租人使用，承租人向出租人定期支付租金的一种交易。融资租赁模式的基本流程包括：承租人向融资租赁公司提出租赁申请，双方签订融资租赁合同；租赁公司根据承租人对租赁标的物的要求，以及对供货商的特定选择，出资人向供货商购买货物；租赁公司将货物出租给承租人使用，在租赁有效期内，出租人拥有租赁物的所有权，承租人拥有使用权并享有供货商对货物的售后服务的权利；租赁期间，承租人按期向租赁公司支付租金；租期届满，出租和承租双方可以选择续租、留购或者退租[52]。

农牧民专业合作社产生资金需求的目的就是增加投资、扩大生产经营规模，融资租赁集融资与融物于一体，是最为便捷的融资模式。由于货物的所有权归租赁公司所有，租赁公司有权在特殊情况下收回或处理标的物，所以，融资租赁对承租者的资信或担保程度要求不高。融资租赁模式对于许多缺乏有效抵押物而又计划增加新设备的农牧民专业合作社具有广泛适用性。

三、农担担保模式①

“农担”是农业信贷担保有限责任公司开发的融资业务。国家农业信贷担保有限责任公司于2016年5月成立，是经国务院批准的政策性担保机构，之后各省市相继成立了省市级农业信贷担保有限责任公司，从而形成了全国农业信贷担保体系。农担体系是结合政府与市场、兼有财政与金融双重属性的政策性金融工具，是以政策资金为基础，引入市场机制，以放大财政支农政策效应，提高财政支农资金的使用效益，有效化解我国农业、农村发展中“融资难”和“融资贵”的问题。

经过国家财政、农担公司、银行三方面的体系设计，新型农业经营主体使用的贷款资金不再是财政直补资金，而是通过农担担保，由银行发放的信贷资金。农担公司信贷担保的主体包括家庭农场、种养大户、农民专业合作社、农业社会化服务组织等[53]。关于农担公司的特色产品及其申报流程，以重庆市农业信贷担保有限责任公司为例②说明，该公司共设置了“农业信用贷”“农村一二三产业融合贷”“农哈哈互联网农业普惠金融贷”和“农业创业股权投资贷”四种特色产品。其中，农业信用贷产品主要用于农业生产经营所需资金的担保，担保金额在100万元以内。实行纯信用担保，免抵押物，不收保证金，借款期限为12个月，每月按时还利息，一年到期还本金。农担担保模式申请流程为：农牧民专业合作社提出申请；农担公司实地调查，就地开展现场评审会审；双方签订合同；银行发放贷款。这种模式最大的特点就是手续简便，免抵押物，不收保证金。农业创业股权投资信贷产品主要适用于初创期或成长期的股份农民专业合作社等，采用“直投+跟贷”方式，国家财政资金直投占30%～50%，银

---

① 本部分内容是通过国家农业信贷担保联盟有限责任公司官网公布的有关资料整理得到的，网址：http：//guojianongdan. cn/about/index. html.

② 国家农业信贷担保联盟有限责任公司：重庆农担公司特色产品，网址：http：//guojianongdan. cn/details26_ 684. html.

行担保贷款跟贷占 50%~70%。担保金额不超过 300 万元，要求股东担保，并提供抵押物。借款期限为 36 个月，每月按时支付利息，到期后一次性退股。申请流程为：农牧民专业合作社提出担保贷款申请；农担公司实地调查，进行风险评估；投资专家咨询会评审，投资决策会作出决策；双方签订合同，并办理股权工商变更手续；财政资金直投及银行配套放贷[54]。

第五节　教育培训平台建设

一、教育培训平台建设背景

青海藏区地域偏僻，由于自然和历史的原因，当地基础教育能力薄弱，农牧民文化水平不高。青海藏区总人口为 202.12 万人，其中，少数民族人口占 61.55%。截至 2017 年底，接受九年义务教育的在校生人数占藏区总人口的 12.37%，普通中学及职业教育在校生人数占藏区总人口的比例为 6.43%。通过调研了解到，一个平均 250 人的牧民村具有高中以上学历的农牧民人数不超过 8 人。农牧民专业合作社理事长已是当地受教育程度较高的人员，但在调研的 96 个样本合作社之中，理事长具有初中文化程度的占 46.87%，具有高中文化程度的占 30.21%，说明合作社带头人自身文化程度不高。此外，在合作社管理层，具有专职会计的合作社不到五分之一，大多数都是聘用兼职人员。其中，70%的会计人员都没有接受过财务会计专业的系统教育培训。地方主管部门在落实合作社教育培训政策方面资金实力不足，师资力量薄弱，培训活动缺乏系统性和长远性规划，与农牧民专业合作社持续发展的客观要求相差甚远。

人们的认识水平直接影响和制约着人们的实践，尤其是在偏远地区，农牧民文化底子薄弱，学习认识新生事物的能力受到极大的限制。通过青海藏区农牧民专业合社发展现状分析发现，农牧民对合作社参与度不高，主要是因为对合作社缺乏正确的认识。合作社专业化生产水平不高、经营方式落后是由于生产者掌握现代科学技术的能力有限，以及从事经营管理的理念滞后。因此，基于知识、技术教育活动的基础性和外部性特征，政府应当发挥对农牧民专业合作社教育培训的主导作用。政府支持的着力点应放在教育平台建设上，支持农民专业技术协会把教育培训作为核心工作，建立覆盖所有农牧民专业合作社的、功能齐全的教育培训体系。在藏区六州每个职业技术学校常年开设农牧民专业合作社成员培训班。以短期培训为主，将培训内容与合作社生产实际相结合，开设农业技术培训班、农产品营销班等。教育方法采用讨论、交流、经验介绍和实习等，把学习培训与技术指导相结合，使教育培训取得实效。组织者还可与省内外高等院校建立协作关系，委托其代培农牧业生产经营管理人才和生产技术骨干。同时，将农牧民专业合作社积极纳入大学或科研院所的科学研究体系，支持在合作社生产经营活动中开展科学研究工作，以提高合作组织应用、推广现代科学技术的能力和水平。

二、教育培训的重点内容

（一）生产经营专业技术培训

生产专业技术培训规划的制定要依托新型职业农民培育工程，实施农村实用人才培训计划以及新型农业经营主体带头人轮训计划，培养更多爱农业、懂技术、善经营的新型职业农民。① 培训导师要帮助成员做好职业生涯规划，设计每一个成长阶段的目标任务及专业选择技巧并进行教授。要紧密联系农牧民专业合作社发展实际，围绕合作社专业化生产，做好种养殖业各个关键环节的技术技能培训；培训现代机械设备的操作和维护维修技术的运用，提高实际操作能力；围绕生产标准化，加强标准化仪器仪

① 中共中央办公厅，国务院办公厅．关于加快构建政策体系培育新型农业经营主体的意见，2017 年 5 月。

表等检测设备的使用及其相应的基础理论知识教育；围绕合作组织市场营销战略实施、开展现代经营管理方法、市场营销策略等的教育培训，使受教育者实现观念转变、提高认识，增强从事农牧民专业合作社经营管理能力。

（二）财务管理业务培训

对于财务管理培训，应把合作社财务人员接受系统专业教育列为合作社规范化建设、各级示范社评定工作的硬指标贯彻落实。培训大纲应严格遵照财政部印发的《农民专业合作社财务会计制度（试行）》，合理设计培训内容。其中，重点培训内容应包括：现金日记账、银行存款日记账、总分类账和各种明细分类账的记账方法及会计规则；资产管理以及销售业务、采购业务等的管理和经济核算方法；编制合作组织盈余及盈余分配表、资产负债表、合作组织成员权益变动表、财务状况说明书等[54]。经费支持成员通过会计电算化及会计等级证考试，鼓励会计人员与合作组织签订长期用人合同。

第八章　研究结论与不足之处

第一节　研究结论

本书以组织生命周期理论与合作经济理论为基础，从成长性视角，研究合作社成长的动态过程，分析成长中的问题，提出相应的对策与措施。主要结论包括以下三方面。

1. 严酷的自然环境倒逼农牧民互助合作

高寒缺氧、生态环境脆弱、自然灾害频繁是青海藏区所具有的生态地理特征。农牧业劳动主要受制于自然条件，农牧民收入水平不仅低于青海东部地区，也低于全省平均水平。同时，长期形成的细碎化、固有化的耕作模式导致土地沙化、草原退化。发展农牧民专业合作社，通过统一规划、统一经营和科学种植，能有效协调农牧民生产个体之间及草畜之间的关系，从而起到发展经济和保护生态环境的双重作用。

2. 青海藏区农牧民专业合作社仍处于成长创建期

科学评价是实施科学决策的前提。本书基于农牧民专业合作社成长性的内涵界定，构建评价指标体系，运用层次分析法对合作社成长水平进行评价。评价结果显示，青海藏区农牧民专业合作社成长水平属于“一般”等级，成长阶段仍处于创建期。创建期的主要问题和阶段性特征表现在：内部治理机制不完善，成员满意度不高；合作组织规模小，成长发展的资源基础薄弱；生产经营方式落后，可持续成长能力不足；成员收入增长缓慢，合作组织发展的目标达成度不高。

3. 加强内部治理和提高生产经营能力是合作社持续成长的关键

农牧民专业合作社成长的核心问题是动力。本书运用系统动力学原理和 DEMATEL 方法，分析合作社成长动力因素之间的作用机制。确定影响青海藏区农牧民专业合作社成长的关键性动力因素是“规范化建设”“治理机制优化”“专业化生产”“资金筹措”和政府主导的“教育培训”。

4. 促进青海藏区农牧民专业合作社成长的对策与措施

本书提出的主要对策措施包括：以落实合作组织年报制度、加强财务管理为内容的规范化建设对策；以产权结构调整、利益机制改进为主要内容的内部治理机制优化对策；以提高专业化、标准化生产水平、实施品牌营销战略为内容的生产经营能力提升对策；以订单融资、融资租赁和农担担保为主要形式的融资模式选择对策；以政府为主导的农牧民专业合作组织教育培训平台建设对策。

第二节　不足之处

本书不足之处如下：

（1）在调查样本选取方面，由于受农牧民专业合作社现实发展状况的影响，只涉及了海南、海北、海西和黄南地区的农牧民专业合作社。以后的研究应考虑深入到三江源腹地，研究农牧民专业合作社在保护生态环境方面所发挥的特殊功能。

（2）在评价指标统计方法方面仍然有值得深入研究的地方。例如，“成员收入高于当地平均收入的比例”指标，由于当地非成员平均收入是统计意义上的农村居民人均纯收入，而成员收入只是来自合作社的收入，因此，计算结果在客观上是降低合作社绩效的。此类指标还涉及合作社带动当地农牧民户数的计算等。那么，在后续研究中，应加强统计指标的细化设计，统一计算口径，使评价指标能够准确反映合作社实际成长水平。

（3）在研究数据的跟踪采集方面，成长性研究应更加注重使用连续性数据以反映合作社的成长过程。由于青海藏区农牧民专业合作社建设时间不长，现有的研究资料中除了增长率指标方面采用了近三年的数据，其他指标都是使用截面数据，这样对研究结论造成一定影响。基于此，在关于农牧民专业合作社成长性问题的后续研究中，应注意制订科学的调研计划，选取长期稳定的调研样本，连续采集数据资料，以反映农牧民专业合作社可持续成长状态。

参考文献

[1] 曾宪影，李钦．农村合作经济组织是农业领域产业组织的新发展［J］．农业经济问题，2000（8）：48-51.

[2] 马彦丽，黄胜忠．农民专业合作社：理论研究中的泛化和实践中的异化［J］．新疆农垦经济，2013（8）：7-12.

[3] 姜孟亚，等．中华人民共和国农民专业合作社法释义［M］．北京：中国法制出版社，2006，11.

[4] 孙发平，丁忠兵．青海牧区生态畜牧业合作社发展状况的调查与建议［J］．青海社会科学，2015（4）：181-186.

[5] 黄祖辉，邵科．合作社的本质规定性及其漂移［J］．浙江大学学报：人文社科版，2009（4）：11-16.

[6] 徐彦．陕西农民合作经济组织成长机制研究［D］．杨凌：西北农林科技大学，2008（5）.

[7] 商晨阳．企业成长理论研究综述［J］．经济论坛，2012（2）：166-169.

[8] 周蕾．西部农民合作经济组织成长机制研究［D］．杨凌：西北农林科技大学，2007（6）.

[9] 胡伟斌，黄祖辉，梁巧．合作社生命周期：荷兰案例及其对中国的启示［J］．农村经济，2015（10）：117-124.

[10] 孔祥智，张小林，庞晓鹏．陕、宁、川农民合作经济组织的作用及制约因素调查［J］．经济理论与经济管理，2005（10）：52-57.

[11] 黄祖辉，徐旭初，冯冠胜．农民专业合作组织发展的影响因素

分析——对浙江省农民专业合作组织发展现状的探讨［J］. 中国农村经济，2002（3）：13-21.

［12］郭红东，楼栋，胡卓红，等．影响农民专业合作社成长的因素分析——基于浙江省部分农民专业合作社的调查［J］. 中国农村经济，2009（8）：24-31.

［13］张深，孔祥智．农民专业合作社成长演化机制分析——基于组织生态学视角［J］. 中国农村观察，2018（3）：128-144.

［14］廖乐焕．论西部民族地区农民专业合作经济组织的模式选择［J］. 黑龙江民族丛刊，2010（3）：44-47.

［15］张克熊，刘宁侠．关于如何提升农牧民组织化程度的思考［J］. 青海农牧业，2012（4）：8-12

［16］张智贝，李双元．生态畜牧业合作社绩效评价—基于青海藏区55家生态畜牧业合作社的实证分析［J］. 青海民族大学学报：社会科学版，2014（1）：108-113.

［17］郑建宗．青海柴达木地区农牧专业合作社饲草料种植项目经营问题探讨——以都兰县沟里乡草地生态畜牧业合作社为例［J］. 中国农民合作社，2015（2）：41-42.

［18］孙发平，丁忠兵．青海牧区生态畜牧业合作社发展状况的调查与建议［J］. 青海社会科学，2015（4）：181-186.

［19］郭鹏鹏，惠霞．农民专业合作社的参与主体：一个建立在“公平与效率”理论上的新视角——基于青海共和县的调查［J］. 中国集体经济．2016（4）：9-10.

［20］李玉红．青海生态畜牧业合作社创新发展研究——基于对“拉格日”合作社的调查［J］. 攀登，2017（4）：91-95.

［21］张子安．青海牧区生态畜牧业合作社股份制改制发展思路——以河南县荷日恒村为例［J］. 当代畜牧，2018（18）：74-75.

［22］沈满洪．生态经济学［M］. 北京：中国环境科学出版社，2008：

36-39.

［23］侯杰，陆强，石涌江，等．基于组织生态学的企业成长演化：有关变异和生存因素的案例研究［J］．管理世界，2011（11）：116-130.

［24］马永红．中国中小型高科技企业成长性评价及对策研究［D］．哈尔滨：哈尔滨工业大学，2006.

［25］陈佳贵．关于企业生命周期与企业蜕变的探讨［J］．中国工业经济，1995（11）：5-13.

［26］李锐．玉米深加工企业成长动力的作用机理研究［D］．长春：吉林农业大学，2013.

［27］谢梦晴．青海藏区公共物品供给模式研究［D］．西宁：青海大学，2018.

［28］仙珠．青海藏区创新社会管理的特殊性与政策取向研究［C］//中国行政管理学会 2011 年年会暨“加强行政管理研究，推动政府体制改革”研讨会论文集：898-904.

［29］赵晓葵．基于聚类分析的青海藏区社会经济发展水平评价研究［D］．青海师范大学学报：自然科学版，2010（4）：8-11.

［30］郭婷，张文政．欠发达地区农民合作社功能发挥及整合研究［J］．中国农学通报，2015（1）：272-277.

［31］陈炎伟，黄和亮．农民专业合作社贷款可得性影响因素研究及其政策建议——以福建省农民专业合作社为例［J］．福建论坛·人文社会科学版，2018（6）：178-183.

［32］徐旭初．农民专业合作社绩效评价体系及其验证［J］．农业技术经济，2009（4）：11-19.

［33］黄胜忠，林坚，徐旭初．农民专业合作社治理机制及其绩效实证分析［J］．中国农村经济，2008（3）：65-73.

［34］戴西超，张庆春．综合评价中权重系数确定方法的比较研究［J］．煤炭经济研究，2003（11）：37.

［35］周亮．湘潭市民绿色消费研究［D］．长沙：湖南师范大学，2012（4）：10.

［36］周三多，蒋俊，陈传明．管理学原理［M］．南京：南京大学出版社，1998：124.

［37］杨丹．农民合作经济组织对农业分工和专业化发展的促进作用研究——基于中国家庭生产方式背景的分析［D］．重庆：西南大学，2011（4）：8.

［38］孔祥智，史冰清．当前农民专业合作社品牌建设的现状、问题与对策研究［C］//中国科学技术协会学会学术部会议论文集．重庆：自主创新与持续增长第十一届中国科协年会，2009（9）：2781-2789.

［39］第十二届全国人民代表大会常务委员会．中华人民共和国农民专业合作社法，2018 年 7 月 1 日．

［40］青海省人民政府办公厅．关于促进农牧民专业合作社发展的意见（青政办［2009］105 号），2009 年 6 月．

［41］张小红，姚红义．青海省绿色农业可持续发展的影响因素分析——基于 DEMATEL 方法［J］．中国商贸，2014（21）：193-195.

［42］张仙伊，张小红．青海生态畜牧业发展的影响因素分析及对策［J］．中国经贸导刊，2015（32）：27-28.

［43］农业部等九部委．关于引导和促进农民合作社规范发展的意见，2014 年 08 月 27 日．

［44］财政部．关于印发《农民专业合作社财务会计制度（试行）》的通知（财会［2007］15 号），2007 年 12 月 20 日．

［45］农业部农村经济体制与经营管理司．中国农民专业合作社发展报告（2007—2016）［M］．北京：中国农业出版社，2017.12：69-70.

［46］刘同山，孔祥智．精英行为、制度创新与农民合作社成长——黑龙江省克山县仁发农机合作社个案［J］．商业研究，2014（5）：73-79，192.

［47］张华．农业标准化发展的经济意义［J］．经济研究导刊．2014（7）：184-185.

［48］申艳玲．国际贸易理论与实务［M］．北京：清华大学出版社，2008.

［49］国家农业信贷担保联盟有限责任公司：服务领域，网址：http：//guojia-nongdan. cn/business/index. html.

［50］国家农业信贷担保联盟有限责任公司：重庆农担公司特色产品，网址：http：//guojianongdan. cn/details26_ 684. html.

［51］冯飞．西部地区农民专业合作经济组织发展研究［D］．杨凌，西北农林科技大学，2007，6.

［52］赵玉石．新型农村合作社发展中的政府行为研究［D］．长春：东北师范大学，2019，5.

［53］王征兵，许婕，孙浩杰．国外发展农民专业合作社的经验及其借鉴——以美国、西班牙和日本为例［J］．湖南农业大学学报：社会科学版，2010（4）：61-65.

［54］田艳丽．内蒙古牧民合作社利益分配机制研究［D］．呼和浩特：内蒙古农业大学，2014，10.

［55］庄哲耕．农民专业合作社的融资渠道与融资影响因素的研究［D］．福州：福建农林大学，2013，10.

［56］食用菌专业合作社知识问答［DB/OL］．docin. com 豆丁网，2012.

［57］农民专业合作社须知［DB/OL］．百度文库，2012.

［58］成都市合作社知识纲要［DB/OL］．2017.

［59］曹晓锐．农村集体经济组织收益分配法律机制研究［D］．重庆：西南政法大学，2017，9.

［60］杨雪梅．社会资本、盈余分配对社员合作行为影响研究［D］．杨凌：西北农林科技大学，2018，7.

［61］农民专业合作社法释义 1［EB/OL］. http：//blog. sina. com. cn/s/blog_ 61706c0c0100e9pl. html，2013.

［62］邵兴全．农民专业合作社的法人地位和成员的有限责任［J］. 中国农民合作社，2018（8）：32-34.

［63］张春玲，刘尊梅．土地承包经营权入股农民专业合作社法律问题研究［J］. 改革与战略，2015（10）：4-8.

［64］孙晓．山东省各市体育局网站信息公开评估［D］. 北京：北京体育大学，2019，6.

［65］马琰．基于灰色系统理论的居住建筑外窗节能改造方案评价与优选［J］. 山东理工大学学报：自然科学版，2019（2）：74-78.

［66］张萍，李晓慧．基于层次分析法的应用型本科高校服务地方经济发展能力评价体系研究［J］. 中国集体经济，2019（3）：89-91.

［67］秦江杰，完善我国上市公司独立董事制度的对策研究［J］. 时代经贸，2019（1）：6-7.

［68］唐燕花，蔡学斌，扎西．青海省河南县有机牦牛、欧拉羊物联网追溯监管系统简介［J］. 农业工程技术（农产品加工业），2012（5）：46-48.

附录一：农牧民专业合作社成长性评价原始数据

合作组织代码	核心成员股份占比（%）	核心成员平均收入（万元）	财务公开次数（次）	社员退出能力（分）	合作组织内部治理成员满意度（分）	成员数（户）	成员数增长率（%）	成员数占乡村总户数的比例（%）	资产总额（万元）	资产总额增长率（%）	总收入（万元）	总收入增长率（%）	可分配盈余（万元）	可分配盈余增长率（%）	主营业务利润率（%）	成员平均收入（万元）	成员收入增长率（%）	成员收入高于当地平均收入的比例（%）
1, 001	20. 00	7. 68	4	4	5	5	0. 00	3. 12	650. 00	20. 30	280. 00	10. 71	38. 40	7. 81	12. 71	7. 68	7. 81	74. 54
1, 002	93. 33	21. 00	4	4	5	5	0. 00	3. 12	200. 00	11. 80	310. 00	12. 50	30. 00	8. 00	9. 68	6. 00	6. 67	36. 36
1, 003	50. 00	16. 10	2	4	2	7	0. 00	3. 89	250. 00	8. 15	108. 00	12. 20	36. 00	10. 50	9. 40	4. 60	6. 50	4. 54
1, 004	71. 43	22. 50	2	4	5	5	0. 00	2. 90	80. 00	6. 80	120. 00	10. 50	42. 00	8. 70	12. 20	6. 00	7. 03	36. 36
1, 005	16. 67	7. 00	2	4	5	6	0. 00	6. 00	230. 00	7. 60	320. 00	12. 60	42. 00	10. 30	12. 60	6. 00	7. 70	36. 36
1, 006	20. 00	4. 40	1	4	3	5	0. 00	2. 60	180. 00	3. 40	90. 00	10. 80	22. 00	8. 20	10. 30	4. 40	7. 50	7. 50
1, 007	40. 00	16. 00	2	4	5	5	0. 00	2. 70	150. 00	8. 00	150. 00	12. 50	40. 00	10. 40	26. 67	8. 00	10. 00	81. 80
1, 008	83. 33	45. 00	4	6	6	7	0. 00	3. 80	1000. 00	5. 50	550. 00	14. 54	170. 00	12. 00	46. 67	15. 20	12. 00	100
1, 009	18. 50	22. 20	4	6	2	45	6. 70	25. 00	1000. 00	7. 00	650. 00	13. 46	120. 00	11. 67	18. 46	4. 67	7. 50	6. 14
1, 010	80. 00	10. 00	1	4	1	5	0. 00	5. 00	115. 00	6. 30	60. 00	12. 00	20. 00	9. 40	9. 60	4. 00	6. 60	4. 20
1, 011	90. 00	38. 40	3	6	6	5	0. 00	4. 16	600. 00	5. 80	600. 00	13. 80	64. 00	11. 00	12. 67	12. 80	9. 40	10

续表

合作组织代码	核心成员股份占比（%）	核心成员平均收入（万元）	财务公开次数（次）	社员退出能力（分）	合作组织内部治理成员满意度（分）	成员数（户）	成员数增长率（%）	成员数占乡村总户数的比例（%）	资产总额（万元）	资产总额增长率（%）	总收入（万元）	总收入增长率（%）	可分配盈余（万元）	可分配盈余增长率（%）	主营业务利润率（%）	成员平均收入（万元）	成员收入增长率（%）	成员收入高于当地平均收入的比例（%）
1, 012	60. 00	31. 20	4	6	6	6	0. 00	3. 80	600. 00	5. 60	580. 00	15. 40	78. 00	11. 40	12. 50	13. 00	10. 80	100
1, 013	84. 61	48. 00	3	6	6	5	0. 00	3. 30	260. 00	6. 20	420. 00	12. 60	80. 00	10. 80	22. 40	16. 00	9. 20	100
1, 014	98. 00	21. 40	3	6	4	5	0. 00	5. 00	280. 00	9. 70	160. 00	12. 60	30. 70	10. 80	21. 00	6. 14	7. 05	39. 54
1, 015	26. 67	10. 40	1	4	1	6	0. 00	3. 30	680. 00	5. 00	150. 00	10. 30	18. 00	7. 20	8. 40	3. 00	3. 30	2. 60
1, 016	20. 00	12. 00	3	4	5	8	0. 00	3. 30	280. 00	5. 70	180. 00	11. 70	60. 00	9. 20	12. 80	7. 50	7. 50	70. 45
1, 017	53. 00	24. 38	3	6	2	10	0. 00	8. 30	256. 00	10. 00	360. 00	12. 00	48. 76	10. 80	16. 40	4. 80	8. 20	9. 09
1, 018	36. 00	21. 50	4	6	2	26	18. 00	2. 50	350. 00	5. 80	612. 00	12. 40	107. 50	9. 70	10. 30	4. 13	6. 20	2. 95
1, 019	40. 00	28. 00	3	6	6	7	0. 00	7. 00	2300. 00	5. 50	310. 00	13. 60	70. 00	11. 20	13. 90	10. 00	9. 00	100
1, 020	60. 00	20. 00	3	6	5	5	0. 00	2. 50	200. 00	4. 70	120. 00	10. 20	40. 00	9. 80	15. 70	8. 00	7. 80	81. 81
1, 021	60. 00	15. 60	2	4	4	5	0. 00	5. 00	60. 00	8. 30	350. 00	11. 80	26. 00	7. 00	7. 40	6. 50	7. 20	47. 72
1, 022	80. 00	20. 40	2	4	2	7	0. 00	5. 45	140. 00	10. 60	120. 00	14. 90	34. 00	12. 50	28. 30	4. 86	10. 10	10. 00
1, 023	60. 00	9. 60	1	4	2	5	0. 00	3. 10	400. 00	5. 00	80. 00	6. 20	16. 00	6. 40	6. 80	3. 20	4. 20	1. 80
1, 024	70. 00	60. 00	4	4	6	5	0. 00	6. 40	400. 00	18. 00	340. 00	20. 10	100. 00	18. 40	23. 80	20. 00	16. 20	100
1, 025	72. 22	18. 00	2	4	3	6	0. 00	5. 00	180. 00	7. 78	90. 00	13. 20	30. 00	9. 80	30. 40	5. 00	7. 90	13. 63
1, 026	42. 85	25. 71	3	6	5	8	0. 00	4. 40	200. 00	6. 80	220. 00	12. 80	60. 00	10. 30	16. 40	7. 50	9. 80	70. 45

续表

合作组织代码	核心成员股份占比（%）	核心成员平均收入（万元）	财务公开次数（次）	社员退出能力（分）	合作组织内部治理成员满意度（分）	成员数（户）	成员数增长率（%）	成员数占乡村总户数的比例（%）	资产总额（万元）	资产总额增长率（%）	总收入（万元）	总收入增长率（%）	可分配盈余（万元）	可分配盈余增长率（%）	主营业务利润率（%）	成员平均收入（万元）	成员收入增长率（%）	成员收入高于当地平均收入的比例（%）
1,027	33.33	6.60	2	4	1	5	0.00	4.16	60.00	8.30	80.00	10.80	22.00	8.40	14.50	4.40	6.50	7.80
1,028	60.00	19.20	2	4	5	5	0.00	2.63	80.00	12.66	200.00	12.00	32.00	9.30	15.70	6.40	7.50	41.67
1,029	60.00	10.00	2	4	1	5	0.00	6.25	200.00	6.00	160.00	7.10	20.00	5.70	8.80	2.86	4.68	0.00
1,030	20.00	2.40	1	2	1	5	0.00	5.74	80.00	0.25	30.00	5.80	12.00	5.40	7.60	2.40	4.40	0.00
1,031	95.00	21.00	3	4	3	5	0.00	3.10	260.00	11.30	150.00	10.00	30.00	9.50	18.00	5.00	6.70	13.64
1,032	30.00	12.00	2	4	6	5	0.00	5.70	380.00	13.16	180.00	10.56	40.00	8.75	22.20	8.00	6.85	100
1,033	20.00	2.00	1	2	6	5	0.00	7.30	70.00	14.28	40.00	12.50	10.00	10.00	25.00	2.00	8.50	0.00
1,034	38.00	9.50	1	4	3	5	0.00	7.10	210.00	9.50	156.00	7.05	25.00	6.00	16.03	5.00	5.60	13.63
1,035	30.00	8.10	2	4	2	8	12.50	10.25	150.00	8.90	150.00	5.30	27.00	9.26	18.00	3.38	7.11	2.27
1,036	58.72	0.00	1	2	1	11	0.00	9.10	2500.00	12.17	368.70	21.15	0.00	0.00	15.49	0.00	0.00	0.00
1,037	20.00	4.40	1	4	1	5	0.00	3.10	300.00	16.67	85.00	9.40	22.00	5.40	26.00	4.40	7.69	2.60
1,038	40.00	0.00	1	2	1	5	0.00	6.40	100.00	13.00	26.00	11.53	0.00	0.00	22.00	0.00	0.00	0.00
1,039	66.67	16.08	2	4	3	11	0.00	18.30	280.00	5.36	65.00	11.19	26.80	8.23	41.23	2.43	7.69	0.00
1,040	50.00	12.00	2	4	3	8	0.00	13.30	243.00	8.23	62.00	10.80	24.00	8.60	38.70	2.40	7.90	0.00
1,041	80.00	30.00	3	6	6	6	0.00	10.00	800.00	2.10	150.00	8.57	50.00	6.00	30.00	8.30	5.60	10

续表

合作组织代码	核心成员股份占比（%）	核心成员平均收入（万元）	财务公开次数（次）	社员退出能力（分）	合作组织内部治理成员满意度（分）	成员数（户）	成员数增长率（%）	成员数占乡村总户数的比例（%）	资产总额（万元）	资产总额增长率（%）	总收入（万元）	总收入增长率（%）	可分配盈余（万元）	可分配盈余增长率（%）	主营业务利润率（%）	成员平均收入（万元）	成员收入增长率（%）	成员收入高于当地平均收入的比例（%）
1, 042	28. 00	16. 80	3	6	6	7	0. 00	11. 67	300. 00	10. 00	280. 00	10. 23	60. 00	8. 70	21. 40	8. 57	7. 00	100
1, 043	80. 00	8. 00	1	2	1	5	0. 00	8. 30	60. 00	0. 00	70. 00	2. 80	10. 00	2. 00	14. 28	2. 00	0. 00	0. 00
1, 044	65. 00	18. 36	2	4	5	5	0. 00	6. 25	220. 00	5. 45	220. 00	9. 09	34. 00	8. 80	17. 00	6. 80	5. 80	70. 00
1, 045	40. 00	28. 00	4	6	6	7	0. 00	11. 67	1000. 00	5. 00	600. 00	6. 67	70. 00	8. 33	14. 00	10. 00	6. 80	100
1, 046	9. 00	0. 98	3	6	1	108	0. 00	100	650. 00	6. 10	141. 05	7. 09	52. 90	6. 62	37. 50	0. 49	5. 10	0. 00
1, 047	68. 00	0. 00	1	2	1	8	0. 00	8. 10	190. 00	5. 26	70. 50	9. 64	0. 00	0. 00	15. 40	0. 00	0. 00	0. 00
1, 048	60. 00	0. 00	1	2	1	6	0. 00	5. 00	210. 00	9. 52	75. 60	10. 58	0. 00	0. 00	27. 20	0. 00	0. 00	0. 00
1, 049	6. 00	4. 56	4	6	4	50	20. 00	29. 41	925. 00	6. 48	224. 00	9. 80	76. 00	7. 63	33. 90	2. 52	6. 58	5. 70
1, 050	15. 00	7. 50	3	6	5	26	13. 04	16. 25	318. 00	5. 90	185. 00	8. 11	50. 00	6. 80	27. 03	2. 92	5. 21	7. 43
1, 051	60. 00	20. 40	3	6	1	34	0. 00	18. 89	320. 00	12. 50	138. 78	9. 37	34. 00	8. 82	24. 50	1. 00	4. 40	0. 00
1, 052	40. 00	10. 00	2	4	4	14	0. 00	9. 30	250. 00	8. 80	112. 60	7. 10	25. 00	6. 04	26. 50	2. 78	5. 60	6. 29
1, 053	30. 00	4. 50	3	6	6	5	0. 00	2. 98	396. 00	4. 50	140. 50	8. 50	67. 00	6. 67	32. 00	3. 00	4. 16	10. 00
1, 054	80. 00	28. 80	2	4	6	5	0. 00	4. 16	260. 00	7. 69	150. 80	9. 28	36. 00	7. 22	30. 50	7. 20	6. 94	100
1, 055	10. 00	11. 00	4	6	5	50	20. 00	28. 78	520. 00	9. 62	270. 00	11. 23	110. 00	10. 50	40. 74	2. 20	9. 09	6. 43
1, 056	20. 00	14. 08	4	6	4	42	7. 14	23. 33	396. 50	10. 08	190. 20	10. 30	70. 40	9. 23	43. 94	1. 68	8. 45	0. 00

续表

合作组织代码	核心成员股份占比（%）	核心成员平均收入（万元）	财务公开次数（次）	社员退出能力（分）	合作组织内部治理成员满意度（分）	成员数（户）	成员数增长率（%）	成员数占乡村总户数的比例（%）	资产总额（万元）	资产总额增长率（%）	总收入（万元）	总收入增长率（%）	可分配盈余（万元）	可分配盈余增长率（%）	主营业务利润率（%）	成员平均收入（万元）	成员收入增长率（%）	成员收入高于当地平均收入的比例（%）
1,057	15.00	2.00	3	6	2	40	7.50	18.00	300.00	12.70	167.00	9.58	40.00	8.42	23.90	1.00	6.40	0.00
1,058	24.00	2.88	3	6	3	50	8.30	25.00	830.00	10.24	560.00	12.14	60.00	7.50	10.70	1.20	5.20	0.00
1,059	12.00	2.16	4	6	3	68	7.30	34.00	890.00	10.22	275.00	10.90	90.00	9.80	32.73	1.32	6.51	0.00
1,060	45.00	0.00	1	2	1	6	0.00	5.00	153.00	12.09	42.50	11.20	0.00	0.00	0.21	0.00	0.00	0.00
1,061	50.00	0.00	1	2	2	5	0.00	4.10	180.00	12.27	58.60	10.23	0.00	0.00	24.00	0.00	0.00	0.00
1,062	70.00	0.00	1	4	2	5	0.00	3.10	210.00	10.95	76.50	10.98	23.00	0.00	31.20	0.00	0.00	0.00
1,063	23.50	0.00	1	2	2	10	0.00	11.70	300.00	11.67	195.00	8.72	0.00	0.00	18.30	0.00	0.00	0.00
1,064	47.10	5.20	1	4	3	25	10.40	10.42	160.00	6.20	62.40	10.70	20.84	7.40	23.40	2.50	7.21	8.50
1,065	30.50	5.60	2	6	3	38	7.79	20.43	301.00	9.30	154.20	11.68	54.70	8.20	22.47	2.68	8.58	12.10
1,066	52.70	3.10	2	4	3	16	5.75	7.62	70.00	12.20	38.40	13.80	19.10	10.78	29.74	1.50	10.80	0.00
1,067	23.70	4.12	3	4	3	30	12.40	17.40	297.60	14.50	113.09	12.60	68.50	11.30	25.65	2.90	9.67	10.20
1,068	16.50	3.40	4	6	3	220	0.00	100	910.00	10.00	455.72	11.50	236.70	10.58	23.94	1.89	6.70	9.40
1,069	21.50	3.34	4	6	3	180	0.00	100	780.00	9.70	395.28	11.80	186.70	9.64	22.60	1.81	6.20	9.04
1,070	31.84	4.68	3	6	4	14	6.25	13.89	309.00	9.70	144.80	27.60	70.50	12.30	34.79	4.20	15.67	30.00
1,071	22.00	4.40	1	2	4	7	0.00	4.67	87.00	12.20	35.60	15.20	14.80	9.09	24.57	2.11	8.80	11.40

续表

合作组织代码	核心成员股份占比（%）	核心成员平均收入（万元）	财务公开次数（次）	社员退出能力（分）	合作组织内部治理成员满意度（分）	成员数（户）	成员数增长率（%）	成员数占乡村总户数的比例（%）	资产总额（万元）	资产总额增长率（%）	总收入（万元）	总收入增长率（%）	可分配盈余（万元）	可分配盈余增长率（%）	主营业务利润率（%）	成员平均收入（万元）	成员收入增长率（%）	成员收入高于当地平均收入的比例（%）
1, 072	41. 20	0. 10	1	2	2	40	0. 00	25. 00	71. 00	0. 00	20. 00	0. 00	2. 00	0. 00	10. 00	0. 10	0. 00	0. 00
1, 073	17. 60	2. 60	2	6	5	48	6. 80	24. 00	320. 00	8. 87	102. 00	15. 80	58. 00	10. 64	18. 86	1. 21	5. 20	8. 60
1, 074	50. 40	6. 20	2	4	3	12	4. 40	7. 50	170. 00	14. 70	69. 00	16. 90	34. 00	12. 80	22. 28	2. 83	11. 70	12. 70
1, 075	23. 20	3. 10	3	6	3	60	5. 00	30. 00	380. 00	5. 67	122. 00	12. 80	60. 10	8. 74	19. 26	1. 23	4. 90	9. 80
1, 076	45. 80	6. 18	2	4	3	20	8. 50	8. 50	180. 00	15. 20	70. 00	17. 80	34. 00	12. 60	24. 57	2. 50	10. 70	15. 90
1, 077	48. 50	6. 93	1	4	4	10	2. 50	4. 50	160. 00	18. 20	42. 00	16. 70	22. 00	9. 12	27. 38	2. 80	11. 80	18. 40
1, 078	40. 00	7. 40	1	4	3	10	3. 00	4. 70	200. 00	6. 80	60. 20	9. 70	24. 00	6. 40	30. 87	3. 20	12. 40	21. 80
1, 079	20. 00	3. 90	4	6	4	80	0. 00	100	620. 00	6. 70	220. 00	18. 40	120. 00	13. 20	35. 90	2. 25	13. 40	13. 80
1, 080	43. 50	5. 20	1	4	4	12	2. 50	6. 48	150. 00	12. 20	45. 00	12. 60	20. 00	8. 10	24. 90	2. 50	14. 80	14. 20
1, 081	52. 30	0. 00	1	2	2	10	0. 00	5. 50	120. 00	0. 00	30. 00	1. 80	0. 00	0. 00	0. 00	0. 00	0. 00	0. 00
1, 082	14. 00	0. 67	1	2	2	40	0. 00	21. 05	210. 00	0. 00	65. 00	1. 20	10. 00	0. 50	15. 38	0. 50	0. 00	2. 10
1, 083	60. 00	0. 00	1	2	2	5	0. 00	6. 25	130. 00	3. 84	60. 50	0. 00	0. 00	0. 00	0. 00	0. 00	0. 00	0. 00
1, 084	21. 80	8. 40	4	6	5	67	0. 00	100	1180. 34	14. 57	374. 39	12. 93	243. 22	13. 49	44. 96	5. 59	8. 40	43. 95
1, 085	29. 10	6. 40	4	6	3	87	2. 20	85. 00	1202. 64	18. 90	293. 34	11. 52	125. 03	10. 82	22. 62	3. 02	6. 40	13. 50
1, 086	75. 00	25. 12	4	6	4	41	13. 20	35. 00	600. 00	10. 30	220. 00	9. 52	101. 24	8. 70	36. 02	4. 31	7. 20	32. 97

续表

合作组织代码	核心成员股份占比（%）	核心成员平均收入（万元）	财务公开次数（次）	社员退出能力（分）	合作组织内部治理成员满意度（分）	成员数（户）	成员数增长率（%）	成员数占乡村总户数的比例（%）	资产总额（万元）	资产总额增长率（%）	总收入（万元）	总收入增长率（%）	可分配盈余（万元）	可分配盈余增长率（%）	主营业务利润率（%）	成员平均收入（万元）	成员收入增长率（%）	成员收入高于当地平均收入的比例（%）
1087	75.00	5.20	3	6	4	15	11.10	10.29	500.00	10.50	120.00	16.08	65.38	14.70	36.17	5.01	15.40	35.16
1,088	32.40	5.60	2	4	3	24	7.40	36.36	254.54	8.50	85.59	9.80	30.94	7.80	26.15	3.50	7.40	19.40
1,089	30.10	6.20	4	6	3	72	0.60	94.25	792.00	23.79	241.00	12.60	99.60	11.21	28.33	3.34	9.20	18.20
1,090	19.60	7.50	3	6	4	45	5.70	66.67	576.00	12.18	230.00	10.41	75.40	8.30	31.91	4.01	8.30	25.27
1,091	28.70	1.20	2	6	2	48	7.50	56.47	672.00	12.40	143.00	8.24	45.80	7.10	7.47	0.94	0.80	0.00
1,092	13.10	7.80	2	6	5	41	16.74	35.00	240.00	18.18	120.00	13.50	51.60	11.09	36.90	5.05	10.39	35.30
1,093	37.80	0.00	1	2	2	16	6.25	14.94	210.00	1.12	40.00	0.00	5.30	0.00	11.00	0.00	0.00	0.00
1,094	31.80	0.00	1	2	3	13	0.00	16.67	150.00	0.00	30.00	0.00	2.40	0.00	8.00	0.00	0.00	0.00
1,095	60.00	14.35	1	4	3	5	0.00	8.75	610.00	10.65	220.00	9.09	20.50	8.78	9.32	4.10	6.83	26.20
1,096	80.00	7.78	1	4	3	5	0.00	7.14	550.00	9.09	180.00	11.67	12.96	8.49	7.20	2.59	5.40	22.30

附录二：农牧民专业合作社成长性评价原始数据标准化值

合作组织代码	核心成员股份占比（%）	核心成员平均收入（万元）	财务公开次数（次）	社员退出能力（分）	合作组织内部治理成员满意度（分）	成员数（户）	成员数增长率（%）	成员数占乡村总户数的比例（%）	资产总额（万元）	资产总额增长率（%）	总收入（万元）	总收入增长率（%）	可分配盈余（万元）	可分配盈余增长率（%）	主营业务利润率（%）	成员平均收入（万元）	成员收入增长率（%）	成员收入高于当地平均收入的比例（%）
1, 001	57. 61	56. 40	100	75	90	50. 00	50. 00	50. 32	62. 09	92. 66	70. 63	69. 40	57. 89	71. 22	61. 21	69. 20	74. 10	87. 27
1, 002	97. 46	67. 50	100	75	90	50. 00	50. 00	50. 32	52. 87	74. 80	73. 02	72. 64	56. 17	71. 74	58. 54	65. 00	70. 59	68. 18
1, 003	73. 91	63. 42	66. 67	75	60	50. 47	50. 00	50. 71	53. 89	67. 13	56. 98	72. 10	57. 40	78. 53	58. 29	61. 50	70. 06	52. 27
1, 004	85. 56	68. 75	66. 67	75	90	50. 00	50. 00	50. 21	50. 41	64. 29	57. 94	69. 02	58. 63	73. 64	60. 76	65. 00	71. 70	68. 18
1, 005	55. 80	55. 83	66. 67	75	90	50. 23	50. 00	51. 79	53. 48	65. 97	73. 81	72. 83	58. 63	77. 99	61. 12	65. 00	73. 77	68. 18
1, 006	57. 61	53. 67	50. 00	75	70	50. 00	50. 00	50. 05	52. 46	57. 15	55. 56	69. 57	54. 52	72. 28	59. 09	61. 00	73. 15	53. 75
1, 007	68. 48	63. 33	66. 67	75	90	50. 00	50. 00	50. 10	51. 84	66. 81	60. 32	72. 64	58. 22	78. 26	73. 53	70. 00	80. 86	90. 90
1, 008	92. 03	87. 50	100	100	100	50. 47	50. 00	50. 67	69. 26	61. 56	92. 06	76. 34	84. 95	82. 61	100	88. 00	87. 04	100
1, 009	56. 79	68. 50	100	100	60	59. 30	66. 75	61. 54	69. 26	64. 71	100	74. 38	74. 67	81. 71	66. 29	61. 68	73. 15	53. 07
1, 010	90. 22	58. 33	50. 00	75	50	50. 00	50. 00	51. 28	51. 13	63. 24	53. 17	71. 74	54. 11	75. 54	58. 47	60. 00	70. 37	52. 10
1, 011	95. 65	82. 00	83. 33	100	100	50. 00	50. 00	50. 85	61. 07	62. 19	96. 03	75. 00	63. 16	79. 89	61. 18	82. 00	79. 01	100
1, 012	79. 35	76. 00	100	100	100	50. 23	50. 00	50. 67	61. 07	61. 77	94. 44	77. 90	66. 03	80. 98	61. 03	82. 50	83. 33	100

续表

合作组织代码	核心成员股份占比（%）	核心成员平均收入（万元）	财务公开次数（次）	社员退出能力（分）	合作组织内部治理成员满意度（分）	成员数（户）	成员数增长率（%）	成员数占乡村总户数的比例（%）	资产总额（万元）	资产总额增长率（%）	总收入（万元）	总收入增长率（%）	可分配盈余（万元）	可分配盈余增长率（%）	主营业务利润率（%）	成员平均收入（万元）	成员收入增长率（%）	成员收入高于当地平均收入的比例（%）
1,013	92.72	90.00	83.33	100	100	50.00	50.00	50.41	54.10	63.03	81.75	72.83	66.45	79.35	69.76	90.00	78.40	100
1,014	100.0	67.83	83.33	100	80	50.00	50.00	51.28	54.51	70.39	61.11	72.83	56.31	79.35	68.53	65.35	71.76	69.77
1,015	61.23	58.67	50.00	75	50	50.23	50.00	50.41	62.70	60.51	60.32	68.66	53.70	69.57	57.41	57.50	60.19	51.30
1,016	57.61	60.00	83.33	75	90	50.70	50.00	50.41	54.51	61.98	62.70	71.20	62.33	75.00	61.29	68.75	73.15	85.23
1,017	75.54	70.32	83.33	100	60	51.16	50.00	52.97	54.02	71.02	76.98	71.74	60.02	79.35	64.47	62.00	75.31	54.55
1,018	66.30	67.92	100	100	60	54.88	95.00	50.00	55.94	62.19	96.98	72.46	72.10	76.36	59.09	60.33	69.14	51.48
1,019	68.48	73.33	83.33	100	100	50.47	50.00	52.31	95.90	61.56	73.02	74.64	64.39	80.43	62.26	75.00	77.78	100
1,020	79.35	66.67	83.33	100	90	50.00	50.00	50.00	52.87	59.88	57.94	68.48	58.22	76.63	63.85	70.00	74.07	90.91
1,021	79.35	63.00	66.67	75	80	49.77	50.00	51.28	50.00	67.44	76.19	71.38	55.34	69.02	56.53	66.25	72.22	73.86
1,022	90.22	67.00	66.67	75	60	50.47	50.00	51.51	51.64	72.28	57.94	76.99	56.99	83.97	74.97	62.15	81.17	55.00
1,023	79.35	58.00	50.00	75	60	50.00	50.00	50.31	56.97	60.51	54.76	61.23	53.29	67.39	56.00	58.00	62.96	50.90
1,024	84.78	100.0	100	75	100	50.00	50.00	52.00	56.97	87.83	75.40	86.41	70.56	100	71.00	100.0	100	100
1,025	85.99	65.00	66.67	75	70	50.23	50.00	51.28	52.46	66.35	55.56	73.91	56.17	76.63	76.82	62.50	74.38	56.82
1,026	70.03	71.43	83.33	100	90	50.70	50.00	50.97	52.87	64.29	65.87	73.19	62.33	77.99	64.47	68.75	80.25	85.23
1,027	64.85	55.50	66.67	75	50	50.00	50.00	50.85	50.00	67.44	54.76	69.57	54.52	72.83	62.79	61.00	70.06	53.90

续表

合作组织代码	核心成员股份占比（%）	核心成员平均收入（万元）	财务公开次数（次）	社员退出能力（分）	合作组织内部治理成员满意度（分）	成员数（户）	成员数增长率（%）	成员数占乡村总户数的比例（%）	资产总额（万元）	资产总额增长率（%）	总收入（万元）	总收入增长率（%）	可分配盈余（万元）	可分配盈余增长率（%）	主营业务利润率（%）	成员平均收入（万元）	成员收入增长率（%）	成员收入高于当地平均收入的比例（%）
1, 028	79. 35	66. 00	66. 67	75	90	50. 00	50. 00	50. 07	50. 41	76. 61	64. 29	71. 74	56. 58	75. 27	63. 85	66. 00	73. 15	70. 84
1, 029	79. 35	58. 33	66. 67	75	50	49. 77	50. 00	51. 92	52. 87	62. 61	61. 11	62. 86	54. 11	65. 49	57. 76	57. 14	64. 44	50. 00
1, 030	57. 61	52. 00	50. 00	50	50	50. 00	50. 00	51. 66	50. 41	50. 53	50. 79	60. 51	52. 47	64. 67	56. 71	56. 00	63. 58	50. 00
1, 031	98. 37	67. 50	83. 33	75	70	50. 00	50. 00	50. 31	54. 10	73. 75	60. 32	68. 12	56. 17	75. 82	65. 88	62. 50	70. 68	56. 82
1, 032	63. 04	60. 00	66. 67	75	100	50. 00	50. 00	51. 64	56. 56	77. 66	62. 70	69. 13	58. 22	73. 78	69. 59	70. 00	71. 14	100
1, 033	57. 61	51. 67	50. 00	50	100	50. 00	50. 00	52. 46	50. 20	80. 01	51. 59	72. 64	52. 06	77. 17	72. 06	55. 00	76. 23	50. 00
1, 034	67. 39	57. 92	50. 00	75	70	50. 00	50. 00	52. 36	53. 07	69. 97	60. 79	62. 77	55. 14	66. 30	64. 14	62. 50	67. 28	56. 82
1, 035	63. 04	56. 75	66. 67	75	60	50. 70	81. 25	53. 97	51. 84	68. 71	60. 32	59. 60	55. 55	75. 16	65. 88	58. 44	71. 94	51. 14
1, 036	78. 65	50. 00	50. 00	50	50	51. 40	50. 00	53. 38	100	75. 58	77. 67	88. 32	50. 00	50. 00	63. 67	50. 00	50. 00	50. 00
1, 037	57. 61	53. 67	50. 00	75	50	50. 00	50. 00	50. 31	54. 92	85. 04	55. 16	67. 03	54. 52	64. 67	72. 94	61. 00	73. 73	51. 30
1, 038	68. 48	50. 00	50. 00	50	50	50. 00	50. 00	52. 00	50. 82	77. 32	50. 48	70. 89	50. 00	50. 00	69. 41	50. 00	50. 00	50. 00
1, 039	82. 97	63. 40	66. 67	75	70	51. 40	50. 00	58. 10	54. 51	61. 27	53. 57	70. 27	55. 51	72. 36	86. 38	56. 08	73. 73	50. 00
1, 040	73. 91	60. 00	66. 67	75	70	50. 70	50. 00	55. 54	53. 75	67. 30	53. 33	69. 57	54. 93	73. 37	84. 15	56. 00	74. 38	50. 00
1, 041	90. 22	75. 00	83. 33	100	100	50. 23	50. 00	53. 85	65. 16	54. 41	60. 32	65. 53	60. 28	66. 30	76. 47	70. 75	67. 28	100
1, 042	61. 96	64. 00	83. 33	100	100	50. 47	50. 00	54. 70	54. 92	71. 02	70. 63	68. 53	62. 33	73. 64	68. 88	71. 43	71. 60	100

续表

合作组织代码	核心成员股份占比（%）	核心成员平均收入（万元）	财务公开次数（次）	社员退出能力（分）	合作组织内部治理成员满意度（分）	成员数（户）	成员数增长率（%）	成员数占乡村总户数的比例（%）	资产总额（万元）	资产总额增长率（%）	总收入（万元）	总收入增长率（%）	可分配盈余（万元）	可分配盈余增长率（%）	主营业务利润率（%）	成员平均收入（万元）	成员收入增长率（%）	成员收入高于当地平均收入的比例（%）
1,043	90.22	56.67	50.00	50	50	50.00	50.00	52.97	50.00	50.00	53.97	55.07	52.06	55.43	62.60	55.00	50.00	50.00
1,044	82.07	65.30	66.67	75	90	50.00	50.00	51.92	53.28	61.45	65.87	66.47	56.99	73.91	65.00	67.00	67.90	85.00
1,045	68.48	73.33	100.00	100	100	50.47	50.00	54.70	69.26	60.51	96.03	62.08	64.39	72.64	62.35	75.00	70.99	100
1,046	51.63	50.82	83.33	100	50	73.95	50.00	100	62.09	62.82	59.61	62.84	60.87	67.99	83.09	51.22	65.74	50.00
1,047	83.70	50.00	50.00	50	50	50.70	50.00	52.87	52.66	61.06	54.01	67.46	50.00	50.00	63.59	50.00	50.00	50.00
1,048	79.35	50.00	50.00	50	50	50.23	50.00	51.28	53.07	70.01	54.41	69.17	50.00	50.00	74.00	50.00	50.00	50.00
1,049	50.00	53.80	100	100	80	60.47	100	63.80	67.73	63.62	66.19	67.75	65.62	70.73	79.91	56.30	70.31	52.85
1,050	54.89	56.25	83.33	100	90	54.88	82.60	57.05	55.29	62.40	63.10	64.69	60.28	68.48	73.85	57.30	66.08	53.72
1,051	79.35	67.00	83.33	100	50	56.74	50.00	58.41	55.33	76.27	59.43	66.97	56.99	73.97	71.62	52.50	63.58	50.00
1,052	68.48	58.33	66.67	75	80	52.09	50.00	53.49	53.89	68.50	57.35	62.86	55.14	66.41	73.38	56.95	67.28	53.15
1,053	63.04	53.75	83.33	100	100	50.00	50.00	50.25	56.89	59.46	59.56	65.40	63.77	68.13	78.23	57.50	62.84	55.00
1,054	90.22	74.00	66.67	75	100	50.00	50.00	50.85	54.10	66.16	60.38	66.81	57.40	69.62	76.91	68.00	71.42	100
1,055	52.17	59.17	100	100	90	60.47	100	63.48	59.43	70.22	69.84	70.34	72.61	78.53	85.94	55.50	78.06	53.22
1,056	57.61	61.73	100	100	80	58.60	67.35	60.68	56.90	71.19	63.51	68.66	64.47	75.08	88.77	54.20	76.08	50.00
1,057	54.89	51.67	83.33	100	60	58.14	68.75	57.95	54.92	76.69	61.67	67.36	58.22	72.88	71.09	52.50	69.75	50.00

续表

合作组织代码	核心成员股份占比（%）	核心成员平均收入（万元）	财务公开次数（次）	社员退出能力（分）	合作组织内部治理成员满意度（分）	成员数（户）	成员数增长率（%）	成员数占乡村总户数的比例（%）	资产总额（万元）	资产总额增长率（%）	总收入（万元）	总收入增长率（%）	可分配盈余（万元）	可分配盈余增长率（%）	主营业务利润率（%）	成员平均收入（万元）	成员收入增长率（%）	成员收入高于当地平均收入的比例（%）
1, 058	59. 78	52. 40	83. 33	100	70	60. 47	70. 75	61. 54	65. 78	71. 52	92. 86	71. 99	62. 33	70. 38	59. 44	53. 00	66. 05	50. 00
1, 059	53. 26	51. 80	100	100	70	64. 65	68. 25	66. 15	67. 01	71. 48	70. 24	69. 75	68. 50	76. 63	78. 88	53. 30	70. 09	50. 00
1, 060	71. 20	50. 00	50. 00	50	50	50. 23	50. 00	51. 28	51. 91	75. 41	51. 79	70. 29	50. 00	50. 00	50. 19	50. 00	50. 00	50. 00
1, 061	73. 91	50. 00	50. 00	50	60	50. 00	50. 00	50. 82	52. 46	75. 79	53. 06	68. 53	50. 00	50. 00	71. 18	50. 00	50. 00	50. 00
1, 062	84. 78	50. 00	50. 00	75	60	50. 00	50. 00	50. 31	53. 07	73. 01	54. 48	69. 89	54. 73	50. 00	77. 53	50. 00	50. 00	50. 00
1, 063	59. 51	50. 00	50. 00	50	60	51. 16	50. 00	54. 72	54. 92	74. 53	63. 89	65. 80	50. 00	50. 00	66. 15	50. 00	50. 00	50. 00
1, 064	72. 34	54. 33	50. 00	75	70	54. 65	76. 00	54. 06	52. 05	63. 03	53. 37	69. 38	54. 28	70. 11	70. 65	56. 24	72. 25	54. 25
1, 065	63. 32	54. 67	66. 67	100	70	57. 67	69. 48	59. 19	54. 94	69. 55	60. 65	71. 16	61. 24	72. 28	69. 83	56. 70	76. 48	56. 05
1, 066	75. 38	52. 58	66. 67	75	70	52. 56	64. 38	52. 63	50. 20	75. 64	51. 46	75. 00	53. 93	79. 29	76. 24	53. 75	83. 33	50. 00
1, 067	59. 62	53. 43	83. 33	75	70	55. 81	81. 00	57. 64	54. 87	80. 47	57. 39	72. 83	64. 08	80. 71	72. 63	57. 25	79. 85	55. 10
1, 068	55. 71	52. 83	100	100	70	100	50. 00	100	67. 42	71. 02	84. 58	70. 83	98. 66	78. 75	71. 12	54. 73	70. 68	54. 70
1, 069	58. 42	52. 78	100	100	70	90. 70	50. 00	100	64. 75	70. 39	79. 78	71. 38	88. 38	76. 20	69. 94	54. 52	69. 14	54. 52
1, 070	64. 04	53. 90	83. 33	100	80	52. 09	65. 63	55. 84	55. 10	70. 39	59. 90	100	64. 49	83. 42	80. 70	60. 50	98. 36	65. 00
1, 071	58. 70	53. 67	50. 00	50	80	50. 47	50. 00	51. 11	50. 55	75. 64	51. 24	77. 54	53. 04	74. 70	71. 68	55. 28	77. 16	55. 70
1, 072	69. 13	50. 08	50. 00	50	60	58. 14	50. 00	61. 54	50. 23	50. 00	50. 00	50. 00	50. 41	50. 00	58. 82	50. 25	50. 00	50. 00

续表

合作组织代码	核心成员股份占比（%）	核心成员平均收入（万元）	财务公开次数（次）	社员退出能力（分）	合作组织内部治理成员满意度（分）	成员数（户）	成员数增长率（%）	成员数占乡村总户数的比例（%）	资产总额（万元）	资产总额增长率（%）	总收入（万元）	总收入增长率（%）	可分配盈余（万元）	可分配盈余增长率（%）	主营业务利润率（%）	成员平均收入（万元）	成员收入增长率（%）	成员收入高于当地平均收入的比例（%）
1,073	56.30	52.17	66.67	100	90	60.00	67.00	61.03	55.33	68.64	56.51	78.62	61.92	78.91	66.64	53.02	66.05	54.30
1,074	74.13	55.17	66.67	75	70	51.63	61.00	52.56	52.25	80.90	53.89	80.62	56.99	84.78	69.66	57.08	86.11	56.35
1,075	59.35	52.58	83.33	100	70	62.79	62.50	64.10	56.56	61.92	58.10	73.19	62.36	73.75	66.99	53.08	65.12	54.90
1,076	71.63	55.15	66.67	75	70	53.49	71.25	53.08	52.46	81.95	53.97	82.25	56.99	84.24	71.68	56.25	83.02	57.95
1,077	73.10	55.78	50.00	75	80	51.16	56.25	51.03	52.05	88.25	51.75	80.25	54.52	74.78	74.16	57.00	86.42	59.20
1,078	68.48	56.17	50.00	75	70	51.16	57.50	51.13	52.87	64.29	53.19	67.57	54.93	67.39	77.24	58.00	88.27	60.90
1,079	57.61	53.25	100	100	80	67.44	50.00	100	61.48	64.08	65.87	83.33	74.67	85.87	81.67	55.63	91.36	56.90
1,080	70.38	54.33	50.00	75	80	51.63	56.25	52.04	51.84	75.64	51.98	72.83	54.11	72.01	71.97	56.25	95.68	57.10
1,081	75.16	50.00	50.00	50	60	51.16	50.00	51.54	51.23	50.00	50.79	53.26	50.00	50.00	50.00	50.00	50.00	50.00
1,082	54.35	50.56	50.00	50	60	58.14	50.00	59.51	53.07	50.00	53.57	52.17	52.06	51.36	63.57	51.25	50.00	51.05
1,083	79.35	50.00	50.00	50	60	50.00	50.00	51.92	51.43	58.07	53.21	50.00	50.00	50.00	50.00	50.00	50.00	50.00
1,084	58.59	57.00	100	100	90	64.42	50.00	100	72.96	80.62	78.13	73.42	100	86.66	89.67	63.98	75.93	71.98
1,085	62.55	55.33	100	100	70	69.07	55.50	92.31	73.41	89.72	71.69	70.87	75.70	79.40	69.96	57.55	69.75	56.75
1,086	87.50	70.93	100	100	80	58.37	83.00	66.67	61.07	71.65	65.87	67.25	70.81	73.64	81.78	60.78	72.22	66.49
1,087	87.50	54.33	83.33	100	80	52.33	77.75	53.99	59.02	72.07	57.94	79.13	63.44	89.95	81.91	62.53	97.53	67.58

续表

合作组织代码	核心成员股份占比（%）	核心成员平均收入（万元）	财务公开次数（次）	社员退出能力（分）	合作组织内部治理成员满意度（分）	成员数（户）	成员数增长率（%）	成员数占乡村总户数的比例（%）	资产总额（万元）	资产总额增长率（%）	总收入（万元）	总收入增长率（%）	可分配盈余（万元）	可分配盈余增长率（%）	主营业务利润率（%）	成员平均收入（万元）	成员收入增长率（%）	成员收入高于当地平均收入的比例（%）
1,088	64.35	54.67	66.67	75	70	54.42	68.50	67.36	53.99	67.86	55.21	67.75	56.36	71.20	73.07	58.75	72.84	59.70
1,089	63.10	55.17	100	100	70	65.58	51.50	97.05	65.00	100	67.54	72.83	70.48	80.46	75.00	58.35	78.40	59.10
1,090	57.39	56.25	83.33	100	80	59.30	64.25	82.91	60.57	75.60	66.67	68.86	65.50	72.55	78.15	60.03	75.62	62.64
1,091	62.34	51.00	66.67	100	60	60.00	68.75	77.68	62.54	76.06	59.76	64.93	59.42	69.29	56.59	52.34	52.47	50.00
1,092	53.86	56.50	66.67	100	90	58.37	91.85	66.67	53.69	88.21	57.94	74.46	60.61	80.14	82.56	62.63	82.07	67.65
1,093	67.28	50.00	50.00	50	60	52.56	65.63	56.38	53.07	52.35	51.59	50.00	51.09	50.00	59.71	50.00	50.00	50.00
1,094	64.02	50.00	50.00	50	70	51.86	50.00	57.27	51.84	50.00	50.79	50.00	50.49	50.00	57.06	50.00	50.00	50.00
1,095	79.35	61.96	50.00	75	70	50.00	50.00	53.21	61.27	72.38	65.87	66.47	54.21	73.86	58.22	60.25	71.08	63.10
1,096	90.22	56.48	50.00	75	70	50.00	50.00	52.38	60.04	69.10	62.70	71.14	52.66	73.07	56.35	56.48	66.67	61.15

附录三：农牧民专业合作社成长性评价值计算结果

合作组织代码	核心成员股份占比（%）	核心成员平均收入（万元）	财务公开次数（次）	社员退出能力（分）	合作组织内部治理成员满意度（分）	成员数（户）	成员数增长率（%）	成员数占乡村总户数的比例（%）	资产总额（万元）	资产总额增长率（%）	总收入（万元）	总收入增长率（%）	可分配盈余（万元）	可分配盈余增长率（%）	主营业务利润率（%）	成员平均收入（万元）	成员收入增长率（%）	成员收入高于当地平均收入的比例（%）	合作组织成长值
1,001	57.61	56.4	100	75	90	50	50	50.32	62.09	92.66	70.63	69.4	57.89	71.22	61.21	69.2	74.1	87.27	72.631
1,002	97.46	67.5	100	75	90	50	50	50.32	52.87	74.8	73.02	72.64	56.17	71.74	58.54	65	70.59	68.18	69.575
1,003	73.91	63.42	66.67	75	60	50.47	50	50.71	53.89	67.13	56.98	72.1	57.4	78.53	58.29	61.5	70.06	52.27	63.815
1,004	85.56	68.75	66.67	75	90	50	50	50.21	50.41	64.29	57.94	69.02	58.63	73.64	60.76	65	71.7	68.18	68.664
1,005	55.8	55.83	66.67	75	90	50.23	50	51.79	53.48	65.97	73.81	72.83	58.63	77.99	61.12	65	73.77	68.18	69.216
1,006	57.61	53.67	50	75	70	50	50	50.05	52.46	57.15	55.56	69.57	54.52	72.28	59.09	61	73.15	53.75	63.001
1,007	68.48	63.33	66.67	75	90	50	50	50.1	51.84	66.81	60.32	72.64	58.22	78.26	73.53	70	80.86	90.9	75.757
1,008	92.03	87.5	100	100	100	50.47	50	50.67	69.26	61.56	92.06	76.34	84.95	82.61	100	88	87.04	100	89.518
1,009	56.79	68.5	100	100	60	59.3	66.75	61.54	69.26	64.71	100	74.38	74.67	81.71	66.29	61.68	73.15	53.07	70.042
1,010	90.22	58.33	50	75	50	50	50	51.28	51.13	63.24	53.17	71.74	54.11	75.54	58.47	60	70.37	52.1	62.227
1,011	95.65	82	83.33	100	100	50	50	50.85	61.07	62.19	96.03	75	63.16	79.89	61.18	82	79.01	100	79.989
1,012	79.35	76	100	100	100	50.23	50	50.67	61.07	61.77	94.44	77.9	66.03	80.98	61.03	82.5	83.33	100	80.680

续表

合作组织代码	核心成员股份占比（%）	核心成员平均收入（万元）	财务公开次数（次）	社员退出能力（分）	合作组织内部治理成员满意度（分）	成员数（户）	成员数增长率（%）	成员数占乡村总户数的比例（%）	资产总额（万元）	资产总额增长率（%）	总收入（万元）	总收入增长率（%）	可分配盈余（万元）	可分配盈余增长率（%）	主营业务利润率（%）	成员平均收入（万元）	成员收入增长率（%）	成员收入高于当地平均收入的比例（%）	合作组织成长值
1, 013	92. 72	90	83. 33	100	100	50	50	50. 41	54. 1	63. 03	81. 75	72. 83	66. 45	79. 35	69. 76	90	78. 4	100	81. 408
1, 014	100	67. 83	83. 33	100	80	50	50	51. 28	54. 51	70. 39	61. 11	72. 83	56. 31	79. 35	68. 53	65. 35	71. 76	69. 77	71. 894
1, 015	61. 23	58. 67	50	75	50	50. 23	50	50. 41	62. 7	60. 51	60. 32	68. 66	53. 7	69. 57	57. 41	57. 5	60. 19	51. 3	59. 007
1, 016	57. 61	60	83. 33	75	90	50. 7	50	50. 41	54. 51	61. 98	62. 7	71. 2	62. 33	75	61. 29	68. 75	73. 15	85. 23	71. 349
1, 017	75. 54	70. 32	83. 33	100	60	51. 16	50	52. 97	54. 02	71. 02	76. 98	71. 74	60. 02	79. 35	64. 47	62	75. 31	54. 55	68. 190
1, 018	66. 3	67. 92	100	100	60	54. 88	95	50	55. 94	62. 19	96. 98	72. 46	72. 1	76. 36	59. 09	60. 33	69. 14	51. 48	66. 913
1, 019	68. 48	73. 33	83. 33	100	100	50. 47	50	52. 31	95. 9	61. 56	73. 02	74. 64	64. 39	80. 43	62. 26	75	77. 78	100	80. 160
1, 020	79. 35	66. 67	83. 33	100	90	50	50	50	52. 87	59. 88	57. 94	68. 48	58. 22	76. 63	63. 85	70	74. 07	90. 91	73. 856
1, 021	79. 35	63	66. 67	75	80	49. 77	50	51. 28	50	67. 44	76. 19	71. 38	55. 34	69. 02	56. 53	66. 25	72. 22	73. 86	67. 943
1, 022	90. 22	67	66. 67	75	60	50. 47	50	51. 51	51. 64	72. 28	57. 94	76. 99	56. 99	83. 97	74. 97	62. 15	81. 17	55	70. 131
1, 023	79. 35	58	50	75	60	50	50	50. 31	56. 97	60. 51	54. 76	61. 23	53. 29	67. 39	56	58	62. 96	50. 9	59. 388
1, 024	84. 78	100	100	75	100	50	50	52	56. 97	87. 83	75. 4	86. 41	70. 56	100	71	100	100	100	89. 068
1, 025	85. 99	65	66. 67	75	70	50. 23	50	51. 28	52. 46	66. 35	55. 56	73. 91	56. 17	76. 63	76. 82	62. 5	74. 38	56. 82	68. 930
1, 026	70. 03	71. 43	83. 33	100	90	50. 7	50	50. 97	52. 87	64. 29	65. 87	73. 19	62. 33	77. 99	64. 47	68. 75	80. 25	85. 23	75. 016
1, 027	64. 85	55. 5	66. 67	75	50	50	50	50. 85	50	67. 44	54. 76	69. 57	54. 52	72. 83	62. 79	61	70. 06	53. 9	62. 501

续表

合作组织代码	核心成员股份占比（%）	核心成员平均收入（万元）	财务公开次数（次）	社员退出能力（分）	合作组织内部治理成员满意度（分）	成员数（户）	成员数增长率（%）	成员数占乡村总户数的比例（%）	资产总额（万元）	资产总额增长率（%）	总收入（万元）	总收入增长率（%）	可分配盈余（万元）	可分配盈余增长率（%）	主营业务利润率（%）	成员平均收入（万元）	成员收入增长率（%）	成员收入高于当地平均收入的比例（%）	合作组织成长值
1, 028	79. 35	66	66. 67	75	90	50	50	50. 07	50. 41	76. 61	64. 29	71. 74	56. 58	75. 27	63. 85	66	73. 15	70. 84	70. 435
1, 029	79. 35	58. 33	66. 67	75	50	49. 77	50	51. 92	52. 87	62. 61	61. 11	62. 86	54. 11	65. 49	57. 76	57. 14	64. 44	50	59. 358
1, 030	57. 61	52	50	50	50	50	50	51. 66	50. 41	50. 53	50. 79	60. 51	52. 47	64. 67	56. 71	56	63. 58	50	56. 151
1, 031	98. 37	67. 5	83. 33	75	70	50	50	50. 31	54. 1	73. 75	60. 32	68. 12	56. 17	75. 82	65. 88	62. 5	70. 68	56. 82	67. 215
1, 032	63. 04	60	66. 67	75	100	50	50	51. 64	56. 56	77. 66	62. 7	69. 13	58. 22	73. 78	69. 59	70	71. 14	100	75. 219
1, 033	57. 61	51. 67	50	50	100	50	50	52. 46	50. 2	80. 01	51. 59	72. 64	52. 06	77. 17	72. 06	55	76. 23	50	67. 334
1, 034	67. 39	57. 92	50	75	70	50	50	52. 36	53. 07	69. 97	60. 79	62. 77	55. 14	66. 3	64. 14	62. 5	67. 28	56. 82	63. 401
1, 035	63. 04	56. 75	66. 67	75	60	50. 7	81. 25	53. 97	51. 84	68. 71	60. 32	59. 6	55. 55	75. 16	65. 88	58. 44	71. 94	51. 14	63. 871
1, 036	78. 65	50	50	50	50	51. 4	50	53. 38	100	75. 58	77. 67	88. 32	50	50	63. 67	50	50	50	57. 568
1, 037	57. 61	53. 67	50	75	50	50	50	50. 31	54. 92	85. 04	55. 16	67. 03	54. 52	64. 67	72. 94	61	73. 73	51. 3	63. 565
1, 038	68. 48	50	50	50	50	50	50	52	50. 82	77. 32	50. 48	70. 89	50	50	69. 41	50	50	50	55. 777
1, 039	82. 97	63. 4	66. 67	75	70	51. 4	50	58. 1	54. 51	61. 27	53. 57	70. 27	55. 51	72. 36	86. 38	56. 08	73. 73	50	68. 084
1, 040	73. 91	60	66. 67	75	70	50. 7	50	55. 54	53. 75	67. 3	53. 33	69. 57	54. 93	73. 37	84. 15	56	74. 38	50	67. 729
1, 041	90. 22	75	83. 33	100	100	50. 23	50	53. 85	65. 16	54. 41	60. 32	65. 53	60. 28	66. 3	76. 47	70. 75	67. 28	100	76. 228
1, 042	61. 96	64	83. 33	100	100	50. 47	50	54. 7	54. 92	71. 02	70. 63	68. 53	62. 33	73. 64	68. 88	71. 43	71. 6	100	76. 546

续表

合作组织代码	核心成员股份占比（%）	核心成员平均收入（万元）	财务公开次数（次）	社员退出能力（分）	合作组织内部治理成员满意度（分）	成员数（户）	成员数增长率（%）	成员数占乡村总户数的比例（%）	资产总额（万元）	资产总额增长率（%）	总收入（万元）	总收入增长率（%）	可分配盈余（万元）	可分配盈余增长率（%）	主营业务利润率（%）	成员平均收入（万元）	成员收入增长率（%）	成员收入高于当地平均收入的比例（%）	合作组织成长值
1, 043	90. 22	56. 67	50	50	50	50	50	52. 97	50	50	53. 97	55. 07	52. 06	55. 43	62. 6	55	50	50	54. 589
1, 044	82. 07	65. 3	66. 67	75	90	50	50	51. 92	53. 28	61. 45	65. 87	66. 47	56. 99	73. 91	65	67	67. 9	85	70. 928
1, 045	68. 48	73. 33	100	100	100	50. 47	50	54. 7	69. 26	60. 51	96. 03	62. 08	64. 39	72. 64	62. 35	75	70. 99	100	80. 081
1, 046	51. 63	50. 82	83. 33	100	50	73. 95	50	100	62. 09	62. 82	59. 61	62. 84	60. 87	67. 99	83. 09	51. 22	65. 74	50	64. 588
1, 047	83. 7	50	50	50	50	50. 7	50	52. 87	52. 66	61. 06	54. 01	67. 46	50	50	63. 59	50	50	50	54. 546
1, 048	79. 35	50	50	50	50	50. 23	50	51. 28	53. 07	70. 01	54. 41	69. 17	50	50	74	50	50	50	56. 544
1, 049	50	53. 8	100	100	80	60. 47	100	63. 8	67. 73	63. 62	66. 19	67. 75	65. 62	70. 73	79. 91	56. 3	70. 31	52. 85	70. 355
1, 050	54. 89	56. 25	83. 33	100	90	54. 88	82. 6	57. 05	55. 29	62. 4	63. 1	64. 69	60. 28	68. 48	73. 85	57. 3	66. 08	53. 72	67. 334
1, 051	79. 35	67	83. 33	100	50	56. 74	50	58. 41	55. 33	76. 27	59. 43	66. 97	56. 99	73. 97	71. 62	52. 5	63. 58	50	64. 376
1, 052	68. 48	58. 33	66. 67	75	80	52. 09	50	53. 49	53. 89	68. 5	57. 35	62. 86	55. 14	66. 41	73. 38	56. 95	67. 28	53. 15	64. 968
1, 053	63. 04	53. 75	83. 33	100	100	50	50	50. 25	56. 89	59. 46	59. 56	65. 4	63. 77	68. 13	78. 23	57. 5	62. 84	55	68. 102
1, 054	90. 22	74	66. 67	75	100	50	50	50. 85	54. 1	66. 16	60. 38	66. 81	57. 4	69. 62	76. 91	68	71. 42	100	76. 229
1, 055	52. 17	59. 17	100	100	90	60. 47	100	63. 48	59. 43	70. 22	69. 84	70. 34	72. 61	78. 53	85. 94	55. 5	78. 06	53. 22	74. 031
1, 056	57. 61	61. 73	100	100	80	58. 6	67. 85	60. 68	56. 9	71. 19	63. 51	68. 66	64. 47	75. 08	88. 77	54. 2	76. 08	50	71. 684
1, 057	54. 89	51. 67	83. 33	100	60	58. 14	68. 75	57. 95	54. 92	76. 69	61. 67	67. 36	58. 22	72. 88	71. 09	52. 5	69. 75	50	65. 181

续表

合作组织代码	核心成员股份占比（%）	核心成员平均收入（万元）	财务公开次数（次）	社员退出能力（分）	合作组织内部治理成员满意度（分）	成员数（户）	成员数增长率（%）	成员数占乡村总户数的比例（%）	资产总额（万元）	资产总额增长率（%）	总收入（万元）	总收入增长率（%）	可分配盈余（万元）	可分配盈余增长率（%）	主营业务利润率（%）	成员平均收入（万元）	成员收入增长率（%）	成员收入高于当地平均收入的比例（%）	合作组织成长值
1,058	59.78	52.4	83.33	100	70	60.47	70.75	61.54	65.78	71.52	92.86	71.99	62.33	70.38	59.44	53	66.05	50	64.772
1,059	53.26	51.8	100	100	70	64.65	68.25	66.15	67.01	71.48	70.24	69.75	68.5	76.63	78.88	53.3	70.09	50	68.828
1,060	71.2	50	50	50	50	50.23	50	51.28	51.91	75.41	51.79	70.29	50	50	50.19	50	50	50	52.706
1,061	73.91	50	50	50	60	50	50	50.82	52.46	75.79	53.06	68.53	50	50	71.18	50	50	50	56.828
1,062	84.78	50	50	75	60	50	50	50.31	53.07	73.01	54.48	69.89	54.73	50	77.53	50	50	50	59.168
1,063	59.51	50	50	50	60	51.16	50	54.72	54.92	74.53	63.89	65.8	50	50	66.15	50	50	50	55.869
1,064	72.34	54.33	50	75	70	54.65	76	54.06	52.05	63.03	53.37	69.38	54.28	70.11	70.65	56.24	72.25	54.25	65.105
1,065	63.32	54.67	66.67	100	70	57.67	69.48	59.19	54.94	69.55	60.65	71.16	61.24	72.28	69.83	56.7	76.48	56.05	67.882
1,066	75.38	52.58	66.67	75	70	52.56	64.38	52.63	50.2	75.64	51.46	75	53.93	79.29	76.24	53.75	83.33	50	68.767
1,067	59.62	53.43	83.33	75	70	55.81	81	57.64	54.87	80.47	57.39	72.83	64.08	80.71	72.63	57.25	79.85	55.1	69.619
1,068	55.71	52.83	100	100	70	100	50	100	67.42	71.02	84.58	70.83	98.66	78.75	71.12	54.73	70.68	54.7	70.788
1,069	58.42	52.78	100	100	70	90.7	50	100	64.75	70.39	79.78	71.38	88.38	76.2	69.94	54.52	69.14	54.52	69.405
1,070	64.04	53.9	83.33	100	80	52.09	65.63	55.84	55.1	70.39	59.9	100	64.49	83.42	80.7	60.5	98.36	65	78.300
1,071	58.7	53.67	50	50	80	50.47	50	51.11	50.55	75.64	51.24	77.54	53.04	74.7	71.68	55.28	77.16	55.7	66.682
1,072	69.13	50.08	50	50	60	58.14	50	61.54	50.23	50	50	50	50.41	50	58.82	50.25	50	50	52.764

续表

合作组织代码	核心成员股份占比（%）	核心成员平均收入（万元）	财务公开次数（次）	社员退出能力（分）	合作组织内部治理成员满意度（分）	成员数（户）	成员数增长率（%）	成员数占乡村总户数的比例（%）	资产总额（万元）	资产总额增长率（%）	总收入（万元）	总收入增长率（%）	可分配盈余（万元）	可分配盈余增长率（%）	主营业务利润率（%）	成员平均收入（万元）	成员收入增长率（%）	成员收入高于当地平均收入的比例（%）	合作组织成长值
1,073	56.3	52.17	66.67	100	90	60	67	61.03	55.33	68.64	56.51	78.62	61.92	78.91	66.64	53.02	66.05	54.3	67.598
1,074	74.13	55.17	66.67	75	70	51.63	61	52.56	52.25	80.9	53.89	80.62	56.99	84.78	69.66	57.08	86.11	56.35	70.557
1,075	59.35	52.58	83.33	100	70	62.79	62.5	64.1	56.56	61.92	58.1	73.19	62.36	73.75	66.99	53.08	65.12	54.9	65.373
1,076	71.63	55.15	66.67	75	70	53.49	71.25	53.08	52.46	81.95	53.97	82.25	56.99	84.24	71.68	56.25	83.02	57.95	70.724
1,077	73.1	55.78	50	75	80	51.16	56.25	51.03	52.05	88.25	51.75	80.25	54.52	74.78	74.16	57	86.42	59.2	71.098
1,078	68.48	56.17	50	75	70	51.16	57.5	51.13	52.87	64.29	53.19	67.57	54.93	67.39	77.24	58	88.27	60.9	69.001
1,079	57.61	53.25	100	100	80	67.44	50	100	61.48	64.08	65.87	83.33	74.67	85.87	81.67	55.63	91.36	56.9	76.118
1,080	70.38	54.33	50	75	80	51.63	56.25	52.04	51.84	75.64	51.98	72.83	54.11	72.01	71.97	56.25	95.68	57.1	70.533
1,081	75.16	50	50	50	60	51.16	50	51.54	51.23	50	50.79	53.26	50	50	50	50	50	50	51.576
1,082	54.35	50.56	50	50	60	58.14	50	59.51	53.07	50	53.57	52.17	52.06	51.36	63.57	51.25	50	51.05	53.881
1,083	79.35	50	50	50	60	50	50	51.92	51.43	58.07	53.21	50	50	50	50	50	50	50	51.854
1,084	58.59	57	100	100	90	64.42	50	100	72.96	80.62	78.13	73.42	100	86.66	89.67	63.98	75.93	71.98	80.283
1,085	62.55	55.33	100	100	70	69.07	55.5	92.31	73.41	89.72	71.69	70.87	75.7	79.4	69.96	57.55	69.75	56.75	70.399
1,086	87.5	70.93	100	100	80	58.37	83	66.67	61.07	71.65	65.87	67.25	70.81	73.64	81.78	60.78	72.22	66.49	73.981
1,087	87.5	54.33	83.33	100	80	52.33	77.75	53.99	59.02	72.07	57.94	79.13	63.44	89.95	81.91	62.53	97.53	67.58	79.070

续表

合作组织代码	核心成员股份占比（%）	核心成员平均收入（万元）	财务公开次数（次）	社员退出能力（分）	合作组织内部治理成员满意度（分）	成员数（户）	成员数增长率（%）	成员数占乡村总户数的比例（%）	资产总额（万元）	资产总额增长率（%）	总收入（万元）	总收入增长率（%）	可分配盈余（万元）	可分配盈余增长率（%）	主营业务利润率（%）	成员平均收入（万元）	成员收入增长率（%）	成员收入高于当地平均收入的比例（%）	合作组织成长值
1,088	64.35	54.67	66.67	75	70	54.42	68.5	67.36	53.99	67.86	55.21	67.75	56.36	71.2	73.07	58.75	72.84	59.7	66.908
1,089	63.1	55.17	100	100	70	65.58	51.5	97.05	65	100	67.54	72.83	70.48	80.46	75	58.35	78.4	59.1	72.979
1,090	57.39	56.25	83.33	100	80	59.3	64.25	82.91	60.57	75.6	66.67	68.86	65.5	72.55	78.15	60.03	75.62	62.64	71.742
1,091	62.34	51	66.67	100	60	60	68.75	77.68	62.54	76.06	59.76	64.93	59.42	69.29	56.59	52.34	52.47	50	59.831
1,092	53.86	56.5	66.67	100	90	58.37	91.85	66.67	53.69	88.21	57.94	74.46	60.61	80.14	82.56	62.63	82.07	67.65	75.928
1,093	67.28	50	50	50	60	52.56	65.63	56.38	53.07	52.35	51.59	50	51.09	50	59.71	50	50	50	53.179
1,094	64.02	50	50	50	70	51.86	50	57.27	51.84	50	50.79	50	50.49	50	57.06	50	50	50	53.081
1,095	79.35	61.96	50	75	70	50	50	53.21	61.27	72.38	65.87	66.47	54.21	73.86	58.22	60.25	71.08	63.1	65.513
1,096	90.22	56.48	50	75	70	50	50	52.38	60.04	69.1	62.7	71.14	52.66	73.07	56.35	56.48	66.67	61.15	64.003

附录四：动力因素直接影响矩阵标准化

	P11	P12	P13	P14	P15	P21	P22	P23	P24	P25	P31	P32	P33	P34
P11	0	0. 0625	0	0. 125	0. 125	0. 125	0. 125	0	0. 0625	0	0	0	0	0
P12	0	0	0	0. 125	0. 125	0	0	0	0	0	0	0. 125	0. 125	0. 125
P13	0	0	0	0. 1875	0. 1875	0	0	0	0	0	0	0	0. 1875	0. 1875
P14	0. 125	0. 125	0	0	0. 125	0. 125	0. 125	0. 0625	0. 0625	0	0	0	0. 125	0. 125
P15	0. 125	0. 125	0. 125	0. 125	0	0	0	0	0	0	0. 125	0. 125	0	0
P21	0	0	0	0	0. 1875	0	0. 1875	0. 1875	0. 1875	0	0	0	0	0
P22	0	0	0	0	0. 125	0. 125	0	0. 1875	0. 125	0	0	0	0	0
P23	0	0	0	0	0. 1875	0	0	0	0	0	0	0	0. 1875	0. 1875
P24	0	0	0	0	0. 125	0. 1875	0. 1875	0. 125	0	0	0. 125	0	0	0
P25	0	0	0. 125	0	0	0. 1875	0. 1875	0. 1875	0. 1875	0	0	0	0	0
P31	0	0. 1875	0	0. 125	0. 1875	0	0	0	0	0	0	0	0	0
P32	0	0. 0625	0. 0625	0	0. 125	0. 1875	0. 125	0. 125	0. 125	0	0	0	0. 0625	0. 0625
P33	0	0	0. 0625	0	0	0. 0625	0. 0625	0. 0625	0. 0625	0. 1875	0	0	0	0
P34	0. 125	0. 125	0	0. 125	0	0. 125	0. 125	0. 0625	0. 125	0	0	0	0	0

附录五：动力因素综合影响矩阵

	P11	P12	P13	P14	P15	P21	P22	P23	P24	P25	P31	P32	P33	P34	f_i
P11	0.0768	0.1584	0.0504	0.2196	0.3336	0.2538	0.2644	0.1491	0.1830	0.0149	0.0623	0.0593	0.0847	0.0847	1.9950
P12	0.0909	0.1163	0.0654	0.2303	0.3079	0.1598	0.1586	0.1410	0.1342	0.0391	0.0528	0.1757	0.2140	0.2140	2.1000
P13	0.1207	0.1429	0.0741	0.3211	0.3865	0.1746	0.1805	0.1521	0.1487	0.0526	0.0640	0.0634	0.2873	0.2873	2.4558
P14	0.2223	0.2545	0.0740	0.1587	0.4134	0.3207	0.3337	0.2660	0.2446	0.0436	0.0789	0.0803	0.2401	0.2401	2.9710
P15	0.2065	0.2619	0.1784	0.2827	0.2645	0.1636	0.1620	0.1327	0.1286	0.0238	0.1713	0.1881	0.1335	0.1335	2.4311
P21	0.0738	0.0971	0.0616	0.1030	0.4131	0.1433	0.3143	0.3335	0.2893	0.0175	0.0853	0.0615	0.0990	0.0990	2.1913
P22	0.0561	0.0733	0.0465	0.0779	0.3071	0.2179	0.1162	0.2954	0.2089	0.0147	0.0626	0.0458	0.0828	0.0828	1.6880
P23	0.0802	0.0967	0.0610	0.1055	0.3121	0.1165	0.1201	0.1043	0.1046	0.0448	0.0501	0.0492	0.2437	0.2437	1.7327
P24	0.0673	0.1085	0.0546	0.1076	0.3660	0.2967	0.3098	0.2769	0.1272	0.0157	0.1843	0.0571	0.0889	0.0889	2.1494
P25	0.0635	0.0834	0.1735	0.1087	0.3003	0.3479	0.3645	0.3892	0.3372	0.0228	0.0768	0.0453	0.1278	0.1278	2.5688
P31	0.0810	0.2867	0.0531	0.2372	0.3392	0.0960	0.0969	0.0798	0.0757	0.0164	0.0498	0.0763	0.0919	0.0919	1.6721
P32	0.0890	0.1760	0.1322	0.1383	0.4181	0.3574	0.3175	0.3276	0.2898	0.0338	0.0853	0.0713	0.1874	0.1874	2.8111
P33	0.0345	0.0450	0.1120	0.0617	0.1614	0.1829	0.1915	0.2039	0.1770	0.2001	0.0405	0.0241	0.0712	0.0712	1.5771
P34	0.1999	0.2272	0.0452	0.2384	0.2770	0.2997	0.3128	0.2451	0.2742	0.0198	0.0661	0.0604	0.1119	0.1119	2.4896
e_i	1.4626	2.1282	1.1819	2.3910	4.6002	3.1309	3.2428	3.0967	2.7230	0.5595	1.1301	1.0578	2.0642	2.0642	

附录六：农牧民专业合作社问卷调查表

农牧民专业合作社调查问卷

您好！

我是一位科研工作者，正在开展农牧民专业合作社相关问题的研究，想了解您所在的合作社的有关情况。您所提供的信息仅作为科学研究之用，请不要有任何顾虑。谢谢！

一、合作社基本情况

1. 合作社名称：________________________________。

2. 合作社社长姓名：________；3. 性别：______；4. 年龄：______；5. 文化程度：____________。

6. 政治面貌：______________（党员、团员、其他）。

7. 联系电话：________________________。

8. 合作社社长社会职务：________________________________（1=无，即普通农民；2=村社管理者；3=乡镇站所或者企业负责人）。

9. 合作社社长从业经历：____________________（1=务农；2=经商；3=个体；4=外出务工；5=退休职工；6=高校毕业生；7=其他）。

10. 合作社成立时间：______________（年）；合作社注册资金：____________________（万元）。

11. 近三年合作社总资产，2016 年________________（万元）；2017 年______________（万元）；2018 年__________________（万元）。

主要资产类型：____。

12. 合作社入股方式，现金入股每股金额：______；总股金：______；

实物入股折价金额①________数量________；②________数量________；③________数量________。

13. 股权结构，第一大股东的股份比例：__________（%）；前十大股东的股份比例：________________（%）；合作社核心成员在理事会中的比例：________________（%）；外部非合作社成员在理事会中的比例：_____________________（%）。

14. 近三年合作社社员总数，2016 年：_______________；2017 年：_____________；2018 年：______________。

二、合作社经营情况

15. 合作社主要产品：___________________________________（请列出最主要的产品）。

16. 合作社经营方式，A. 统一经营，经营方式：____；B. 统分结合，经营方式：____。

17. 合作社经营内容（　　　　）（可多选）。

A. 种植业，种植品种：__________________；面积：________；土地流转面积：________；土地租金：________；占全村比例________。

销售价格：________；销售数量：________；销售收入：________；销售渠道：____________；政府支持项目总金额：__________。

B. 养殖业，①养殖品种：______________；数量：____________；设施面积：______________；年出栏率：__________________。

年销售量：________；销售价格：________；销售收入：________；销售渠道：_____________；政府支持项目总金额：________。

C. 加工业，品种：____________________；数量：______________；主要设备设施：__________________________________。

年销售量：________；销售价格：________；销售收入：________；

销售渠道：________________；政府支持项目总金额：________。

18. 合作社是否拥有自己的商标、品牌：A. 是　B. 否；品牌名称：__________________________________。

19. 合作社的产品是否得到质量认证，是否是有机食品（　　）、绿色食品（　　）、无公害食品（　　）（在相应的质量认证后面打钩）。

20. 基地建设：__________________________0＝无基地；1＝较差；2＝较好；3＝非常好。

21. 标准化生产：____。

22. 科技推广与应用：____。

23. 近三年合作社年产值，2016 年：__________________（万元）；2017 年：________________（万元）；2018 年：______________（万元）。

24. 近三年合作社年盈余：2016 年____________（万元）；盈余分配比例（%）：____________；每股纯收入（元）：______________。

社员人均年收入（元）：______________；社员收入高出非社员的比例（%）：____________；合作社年盈余（万元）：________________。

2017 年，盈余分配比例（%）：______________，每股纯收入（元）：________________；社员人均年收入（元）：________________。

社员收入高出非社员的比例（%）：____________________。

2018 年，盈余分配比例（%）：________；每股纯收入（元）：________；社员人均年收入（元）：______________；社员收入高出非社员的比例（%）：_____________________。

三、合作社内部治理情况

25. 合作社存在以下这些组织：A. 理事会　B. 监事会　C. 成员代表大会（请在相应的地方打钩）。

26. 合作社理事会成员数（人）：________；每年社员大会召开次数

（次）：________；监事会会议召开的次数（次）：______。

社员大会的表决方式：___________________A．一人一票；B．按出资额投票；C．一股一票；D．其他。

27．每年财务公开的次数：______________（次）；是否建立个人资产账户：____________；社员退出难易程度及相关规定________________。

28．理事会成员报酬占合作社当年盈余的比例（%）：__________。

29．贷款难易程度及主要问题：____。

30．成员对合作社的满意度及意见：_________________________1=非常不满意；2=不太满意；3=基本满意；4=比较满意；5=非常满意。

31．合作社提供就业岗位数和岗位类型人均工资带动牧户数量：________________；带动贫困户数量人均年收入：__________________。